Collection folio junior

dirigée par
Jean-Olivier Héron
et Pierre Marchand

Leon Garfield est né à Brighton en 1921. Lorsque la Seconde Guerre mondiale éclate, il doit interrompre ses études artistiques pour s'engager dans l'armée. Après la guerre, tout en écrivant, il travaille comme biochimiste : métier qu'il abandonne dès qu'il rencontre ses premiers succès littéraires. Il vit actuellement au nord de Londres, à Highgate. Plusieurs de ses œuvres ont été adaptées à la télévision anglaise et au cinéma : *Black Jack* remporte, en 1979, le prix international du Jury au Festival de Cannes, et *Le Fantôme de l'apothicaire* (collection Folio Junior) est porté à l'écran par John Huston. Leon Garfield est également l'auteur de *La Rose de Décembre* et de *Leon Garfield raconte Shakespeare,* publiés également dans Folio Junior, et de *La Montre en or,* publié dans la collection Lecture Junior.

Edward Blishen a été professeur avant de devenir écrivain, journaliste et éducateur. Il est depuis longtemps proche de l'écriture pour la jeunesse, en tant que critique littéraire, conférencier et éditeur. Son œuvre pour la jeunesse comprend plusieurs recueils de prose et de poésie, notamment les six *Anthologies* annuelles qu'il a publiées chez Oxford University Press, une des maisons d'édition les plus prestigieuses d'Angleterre. Il a également écrit deux romans qui traitent de la vie dans une école secondaire à Londres, inspirés de ses propres expériences de professeur. Il est marié et a deux enfants.

Philippe Mignon est né en 1948. Il entreprend des études d'architecture, puis décide de se consacrer à l'illustration. Pour Folio Junior, il a déjà successivement chaussé les bottes de sept lieues (*Contes de ma mère l'Oye,* Charles Perrault), chassé le lion en Afrique (*Le Lion,* Joseph Kessel), déménagé à Rungis (*Le Chemin de Rungis,* Christian Léourier), erré en pays de Caux sur les traces de Maupassant (*Deux amis et autres contes*, Guy de Maupassant), et après avoir vendu son ombre (*La Merveilleuse Histoire de Peter Schlemihl*, d'Adalbert von Chamisso) finalement retrouvé ses bottes... Ayant laissé quelques plumes au cours de ses voyages, il avait bien juré qu'on ne l'y reprendrait plus. Mais...

Le Temps des héros,
fait suite au *Printemps des dieux* (Folio Junior n° 694),
de Leon Garfield et Edward Blishen.

Vous trouverez à la fin de cet ouvrage un glossaire
ainsi qu'une carte vous permettant de situer
les lieux et les personnages.

Titre original :

The Golden Shadow

Publié pour la première fois par Longman Young Books, Londres, 1973,
Victor Gollancz Ltd., Londres, 1991

La prophétie

Tout commença un beau matin en Thessalie. Un jeune pêcheur arpentait le sable du rivage en direction d'un promontoire rocheux derrière lequel était amarré son bateau. Il examina la mer d'un œil expérimenté et hocha la tête : la matinée serait fructueuse. Sa marche se faisait sinueuse pour épouser les empiétements de la marée montante lorsque le soleil levant le frappa en plein visage, et la mer, le ciel et la terre disparurent dans un embrasement d'orange, d'argent et d'or. Ébloui, il pressa le pas pour gagner l'ombre des rochers, mais une voix féminine résonna soudain à ses oreilles. Il s'immobilisa. La voix était basse, douce et merveilleusement mélodieuse. Habituellement, il avait un caractère ouvert, simple. Écouter aux portes n'était pas dans sa nature. Mais une atmosphère de mystère semblait l'entourer tout à coup. Inconsciemment, il retint son souffle et tendit l'oreille.

Les mots qui lui parvinrent étaient très espacés, comme si la personne qui les prononçait disposait de tout son temps pour poser la question qui la tracassait.

– Dites-moi... dites-moi qui sera mon amant ?

Un sourire retroussa les lèvres du pêcheur. Prudemment, il se glissa vers une étroite trouée entre les rochers et entreprit de s'y faufiler. Ce passage décrivait un coude avant de déboucher sur le sable. Le pêcheur s'y arrêta.

Non loin de l'endroit où sa barque écarlate jouait avec son ombre au bord de l'eau, il aperçut deux silhouettes assises. L'une d'elles était accroupie sur le sable, les genoux remontés sous le menton. Elle était vêtue d'une vaporeuse tunique bleue dont les plis découvraient ses chevilles, laissant apparaître de brillantes sandales en argent, façonnées en forme de fougères. Il ne voyait pas son visage qui était dissimulé, à l'exception de la courbe de la joue, par le sombre torrent de la chevelure.

La seconde silhouette était également celle d'une femme, mais d'une femme âgée... âgée, grave, et aussi immobile que la pierre polie par les flots sur laquelle elle était assise. Sa robe grise était ceinturée d'une chaîne de bronze et, à ses pieds, négligemment abandonnée sur le sable, gisait une balance en bois analogue à celle qu'une intendante soigneuse aurait pu utiliser pour peser des fines herbes. Mais la vieille femme ne ressemblait en rien à une intendante. Il émanait d'elle une sorte de majesté imposante qui effraya le jeune pêcheur.

A nouveau, il entendit poser la sempiternelle question, celle que toutes les filles langoureuses pourraient poser à leur grand-mère au bout d'un champ, pendant la moisson :

– Dites-moi qui sera mon amant ?

La vieille femme bougea. Elle se pencha pour ramasser sa balance, mais la jeune avança une main blanche comme si elle ne voulait pas savoir ce qu'elle pourrait révéler.

– Dans ce cas, murmura la vieille femme sans toucher à la balance, je te dirai seulement que tu porteras un fils qui sera encore plus fort que son père. Est-ce que cela te satisfait ? (Le ton de sa voix, monocorde et terne, n'inclinait ni à la joie ni à l'affliction.) Cela te suffit ?

– Oui... oui, noble dame, cela me suffit...

La vieille femme inclina la tête et se leva. Elle glissa sa balance dans la ceinture de sa robe et s'éloigna d'un pas lourd en direction du soleil levant. Aveuglé, le pêcheur baissa la tête et fixa les empreintes qu'elle laissait dans le sable jusqu'à ce que le ressac les efface. Lorsqu'il releva les yeux, la vieille femme était partie.

Mais l'autre, celle en bleu, était toujours là, accroupie sur la plage et contemplant l'immensité scintillante de la mer. Sa tunique ajustée moulait ses formes voluptueuses.

Le pêcheur sentit son cœur s'emballer et il entreprit de se frayer un chemin dans la fissure des rochers. Dans sa tête s'ébauchait peut-être déjà le récit de sa pêche miraculeuse, de la merveilleuse prise faite sur le sable et qui dépassait de très loin tout ce qu'il avait sorti de la mer.

Il s'extirpa des rochers acérés et se redressa, doré dans le soleil. Un très beau garçon... et ne l'ignorant pas.

– Madame, dit-il d'une voix suave mais non dépourvue d'orgueil, je serai votre amant et je vous donnerai ce fils qui deviendra encore plus fort que moi.

Il attendit avec un sourire confiant, ne voyant aucune raison pour qu'il pût en être autrement. La femme se leva lentement, se retourna et lui sourit.

Il ne fit qu'entrevoir son visage car elle se trouvait à contre-jour, entre le soleil et lui, mais il sentit ses genoux flageoler et son dos se couvrir de sueur qui le brûlait aux endroits que les rochers avaient éraflés. La figure entraperçue était tellement belle qu'il en aurait presque pleuré, et son sourire exprimait un mépris insondable.

Les yeux innocents du jeune homme s'emplirent de larmes d'humiliation. Incapable de faire un geste, il fixa la femme. Le soleil levant traversait l'étoffe légère de sa robe, la transformant en une vaporeuse brume bleue qui ne masquait qu'à peine sa nudité. Elle ouvrit les bras comme pour une invite.

– Un fils, dit-elle avec un petit rire. Encore plus fort que toi ?

Elle bougea la tête, et le pêcheur, douloureusement aveuglé par la lumière, fut obligé de fermer les yeux. Il entendit la femme rire à nouveau ironiquement et, quand il rouvrit les yeux, elle était partie, comme la vieille dame grave à la balance.

– Madame, madame ! s'écria le pêcheur effrayé et consterné. Revenez !

Il courut de côté et d'autre sur le rivage, appelant de toutes ses forces, mais personne ne lui répondit, personne ne vint. Il resta là pendant deux bonnes heures, couché à côté de son bateau, à pleurer sans savoir pourquoi dans le sable chaud. Puis il monta dans sa barque et contempla l'horizon, le menton dans les mains. Une douleur sourde lui labourait la poitrine, et il croyait avoir le cœur brisé.

Finalement, d'autres pêcheurs vinrent voir ce qu'il était devenu. Mélancoliquement, il leur raconta son aventure et leur décrivit la merveilleuse prise qui lui avait échappé. Mais eux, pêcheurs comme lui, sourirent d'un air entendu et inclinèrent la tête de côté.

Cela mit le jeune homme en colère. Tout pêcheur qu'il était, il n'en disait pas moins la vérité. Ses amis haussèrent les épaules et le laissèrent à ses fantasmagories. Le temps le guérirait...

Mais le temps ne le guérit pas. Au contraire, il ressassait inlassablement son histoire, au point que la Thessalie tout entière dut l'entendre. Les voyageurs de passage eux-mêmes étaient pris à partie et contraints de l'écouter. Nul n'échappait à l'histoire du pêcheur et, chaque fois qu'il la racontait, le jeune homme – qui n'était plus tellement jeune – regardait son auditeur d'un air implorant et lui demandait :

– D'après vous, qui cela pouvait-il être ?

Il était sincèrement tombé amoureux de sa vision et, quand le temps était beau, il se rendait toujours sur la fameuse plage et il appelait, il cherchait, il guettait la dame qui était en quête d'un amant mais n'avait pas voulu de lui.

Et puis, un soir, arriva dans son village un voyageur plus disposé que les autres à l'écouter. Ce voyageur, qui avait le crâne chauve et la vue basse, était un aède, un poète ambulant, à la fois musicien et conteur, toujours à l'affût d'anecdotes dont il faisait des ballades propres à distraire les gens qui acceptaient de le vêtir et de le nourrir.

L'aventure du pêcheur le fascina. Il demanda à l'entendre une deuxième fois. Prodigieusement flatté, le pêcheur s'exécuta et, comme d'habitude, il finit par sa question sans espoir :

– D'après vous, qui cela pouvait-il être ?

L'aède sourit. Visiblement, il hésitait entre deux solutions. Laquelle allait-il proposer ?

– Mon ami, répondit-il posément tout en évitant de croiser le regard du pêcheur, je ne peux rien affirmer, mais je crois que vous avez vu des immortelles. Il est possible, seulement possible, que la dame aux sandales d'argent ait été Thétis*, la déesse marine qui éleva jadis le petit Héphaïstos* sous les flots, dans une grotte. Il fabriqua pour elle une paire de sandales de ce genre la première fois qu'il s'essaya au travail des métaux. Je vous envie de les avoir vues : ce doit être un spectacle prodigieux.

– Et... et l'autre ? balbutia le pêcheur furieusement excité par cette révélation.

L'aède fronça les sourcils comme si, brusquement, il doutait de lui-même.

– La balance... oui, la balance.

Il hésita, et la température de la petite maison dans laquelle ils s'entretenaient se refroidit subitement.

– Vous avez décrit Thémis*, sœur des Titans* et mère des Moires*. Il semble que vous ayez vu la déesse de la Justice, mon ami, et que vous ayez entendu sa prophétie. Quant à savoir ce que signifiait cette prophétie, nul ne saurait le dire.

– Le fils de cette Thétis sera encore plus beau que son père, répéta le pêcheur.

* Les noms suivis d'un astérisque figurent dans le glossaire à partir de la page 211.

– Je croyais que vous aviez dit « plus fort ».

– C'est la même chose, décréta le pêcheur pour qui force et beauté étaient synonymes.

L'aède sourit, tapota le bras musculeux de son interlocuteur et s'en alla, laissant le pêcheur enfin satisfait d'être tombé amoureux d'une déesse qui, les choses étant ce qu'elles sont, ne l'avait repoussé que pour la seule et unique raison qu'il n'était qu'un simple mortel.

L'aède poursuivit sa longue errance, collectant toujours davantage d'informations pour compléter son ambitieuse épopée sur la naissance et les mœurs des dieux de l'Olympe. Les faits s'enchaînaient, les Saisons qui gardaient les portes de l'Olympe s'expliquaient d'elles-mêmes, les famines et les cataclysmes se justifiaient, mais il ne pouvait caser nulle part la mystérieuse prophétie de Thémis à la divinité marine. Aussi en était-il réduit à la raconter séparément, en l'accompagnant de flots d'harmonie avec sa lyre, à titre de prestation supplémentaire lorsque l'essentiel de son récit était achevé et que son auditoire en attendait manifestement plus.

Il allait de coin du feu en coin du feu, ses yeux fatigués fixés sur les mouvantes constructions qui s'effondraient dans l'âtre, toujours remontant vers le nord. Ses pieds foulaient le sol dallé de bronze de palais et de châteaux sans qu'il s'y arrêtât jamais plus d'une nuit. On aurait dit que les Moires l'entraînaient dans une direction précise et, par moments, il lui plaisait de croire que c'était le cas. Mais, en réalité, il avait d'autres raisons : si les gens du nord étaient plus frustes, ils étaient aussi plus généreux et ils n'avaient pas encore entendu ses ballades.

Il traversa la Macédoine, puis la Thrace jusqu'à Salmydessos, où il s'embarqua sur une solide galère peinte faisant route vers la Colchide avec une cargaison de laine de couleur. Le marchand auquel appartenait le navire lui offrit le passage avec plaisir parce que le trajet était long et qu'un tel passager meublerait les soirées et distrairait le turbulent équipage.

La nuit, une fois la voile ferlée et l'ancre flottante mouillée, on apportait un trépied de fer forgé dans l'habitacle de la haute poupe, on y allumait un feu et tous s'assemblaient autour, enveloppés dans des manteaux de laine (car les nuits étaient froides), pour écouter l'aède gagner le prix de sa place.

– Au début, commençait-il après quelques arpèges sur sa lyre, il n'y eut qu'un minuscule point de lumière sur l'immense voûte bleue du ciel...

Et il racontait le commencement du monde et la naissance des dieux... Les marins buvaient avidement ses paroles, imposant violemment silence au malheureux contradicteur qui avait déjà entendu raconter l'histoire mais en des termes différents, jusqu'à ce que, dans la lueur dansante du feu, leurs yeux écarquillés et leurs bouches béantes tapissent l'obscurité d'un voile de stupéfaction.

Jour après jour, la galère poursuivit sa route, et d'épais brouillards gris commencèrent à s'étendre sur la mer, voilant parfois le ciel et les flots durant plusieurs heures. La navigation devenait périlleuse et on sondait les fonds avec inquiétude car il flottait souvent dans l'air des odeurs de contrées montagneuses. Pendant la journée, on entendait quelquefois glapir des oiseaux de mer, mais on ne les voyait jamais. Les marins n'osaient plus appuyer sur les avirons et la peur des récifs tout proches les rendait blêmes. Une fois et une seule, on aperçut un oiseau par une déchirure de la brume. Il semblait s'agir d'un rapace, avec un bec crochu et des ailes puissantes dont les longues rémiges se levaient et s'abaissaient comme les rames d'une galère volante. Il disparut presque aussitôt, et l'aède scruta le ciel bouché jusqu'à ce que ses yeux fatigués s'emplissent de larmes.

Une nuit, on mouilla deux ancres car le brouillard était particulièrement opaque et l'odeur de la terre spécialement forte. Le feu crachota et crépita avant de brûler régulièrement, transformant l'abri de la poupe en un temple à la voûte nervurée, peuplé d'ombres au coude à coude et de murmures d'expectative. L'aède leva un instant les yeux, puis il pinça sa lyre et les notes jaillirent des cordes comme des flèches pour s'enfoncer dans les profondeurs de la nuit. Il commença par narrer la création de l'homme par le Titan Prométhée* et la façon dont celui-ci avait dérobé le feu du ciel pour réchauffer ses créatures frissonnantes, et il termina par l'effroyable punition dont Zeus* avait sanctionné son geste charitable.

– Loin, très loin vers le nord, dans les montagnes glacées du Caucase, se dressait une haute colonne de pierre. Le Titan y serait attaché nu par les poignets et par les chevilles, et un vautour éternel lui dévorerait le foie sans qu'il puisse se protéger jusqu'à ce que la colère de Zeus soit apaisée. Telle fut la punition de Prométhée, créateur de l'humanité.

La voix de l'aède s'éteignit, et tous se penchèrent pour saisir ses moindres mots. Soudain, le feu crépita sur le trépied, un tison à demi consumé s'étant enflammé avec une explosion d'étincelles. L'aède sursauta. Il leva les yeux, puis le feu se calma et, sur le navire, on n'entendit plus aucun bruit en dehors du clapotis de l'eau noire sur laquelle de petits serpents d'argent scintillaient à chaque balancement de l'étrave.

– Racontez-nous une autre histoire, murmura une voix dans les ténèbres, car cette nuit paraît être la plus longue que le monde ait jamais connue.

L'aède sourit tristement. Ses réserves étaient presque épuisées.

– Je vais vous parler d'une étrange prophétie faite sur une plage, dit-il avec lassitude, mais j'ignore ce qu'elle signifie, qui elle concerne, et même la raison pour laquelle je suis amené à vous la rapporter ici ce soir. Un jour, en Thessalie, un jeune pêcheur marchait de bon matin sur la grève...

Pendant qu'il parlait, le vent se leva et commença à bouleverser la nappe de brume en la creusant de profonds couloirs et de soudaines déchirures, mais l'aède était maintenant absorbé par la mystérieuse prophétie concernant l'enfant de Thétis. Il ne vit pas ce qui se passait autour de lui et, au début, il entendit à peine la vigie qui hurlait à la proue :

– Terre ! Terre ! Attention !

Une large brèche s'était ouverte dans le brouillard qui s'était affaissé comme les ruines d'un rempart derrière lequel se dressaient des rochers et des montagnes, colossal entassement de blocs scintillants de glace. Çà et là serpentaient des torrents tout blancs, pétrifiés par le gel alors qu'ils se ruaient vers la mer obscure.

– Qu'est-ce que c'est que ça ? Regardez ! cria la vigie. Là-haut, de ce côté !

Il désignait craintivement un rocher lointain, d'une forme bizarre, qui semblait bouger et se tordre dans les ondoyantes écharpes de brume. Et puis le brouillard retomba, plus épais que jamais, et tout disparut.

– Vous ne l'avez pas vu ? demanda la vigie au vieil aède qui le harcelait pour lui faire préciser ce qu'il avait aperçu. Il paraissait vivant... seulement il était si grand, si gigantesque... On avait l'impression qu'il remuait, vous comprenez, un peu comme s'il était enchaîné à quelque chose. Vous n'avez rien vu du tout ?

– Un signe distinctif ! Est-ce qu'il portait un signe distinctif... une blessure au flanc ?

– Comment savoir, à cette distance ? Ce n'était peut-être qu'un simple rocher d'une forme particulière, vacillant sous le poids de la glace. Vous ne l'avez pas vu ?

– Mes yeux sont moins bons que les vôtres, dit tristement l'aède. Je n'ai vu que... des rochers. Et cependant, j'ai senti...

– Alors, c'étaient des rochers, déclara la vigie dans un brusque élan de compassion pour le vieil homme découragé.

Au fond de son cœur, le marin savait que ce qu'il avait aperçu, se tordant lentement dans les lointaines montagnes glacées, aurait passionné l'aède, qu'il aurait donné ses vieux yeux usés, peut-être même sa vie pour le voir. Aussi s'en tint-il à la version du rocher qui, pendant un instant, avait ressemblé à une gigantesque silhouette enchaînée par les chevilles et les poignets et perdant son sang par une plaie au flanc. Ce qui, de là-haut, avait semblé contempler la galère à l'ancre, c'étaient deux cavernes scintillantes de givre, pas des yeux.

L'aède sourit tristement et comprit. Bien qu'il eût chanté soir après soir des histoires des dieux et des immortels, bien qu'il en eût la tête pleine et que leurs faits et gestes lui fussent encore plus familiers que les siens, lui-même n'avait jamais, ne fût-ce qu'entraperçu la moindre Néréide... du moins, pas avec certitude. Et pourtant, un simple pêcheur avait vu Thémis et Thétis aux sandales d'argent, et un humble marin avait contemplé de ses yeux...

Farouchement, il se ressaisit et refoula les larmes qui jaillissaient de ses yeux inutiles. La poursuite du savoir l'avait rendu aveugle. Il avait perdu la faculté de voir le divin... et, ce qui était encore plus grave, presque la force d'y croire.

– Prométhée ! sanglota-t-il, grand Prométhée, pourquoi suis-je venu ? Était-ce uniquement pour me briser le cœur ? Pourquoi ne vous ai-je pas vu, moi ?

Une curieuse affaire à Thèbes

La nuit continua. Un par un, les marins de la galère ancrée s'assoupirent, certains enveloppés dans leur manteau, les autres blottis parmi les ballots de laine de la cargaison comme des enfants que le sommeil aurait surpris alors qu'ils jouaient dans le lit d'un géant. L'aède dormit la tête contre le mât et son crâne chauve, à la pâle lueur des étoiles, ressemblait à un gros œuf ridé plein de secrets.

Les forêts étaient silencieuses, les mers bruissaient rêveusement sous les cieux.

Dans l'île d'Égine, le palais, que le brouhaha et les cris des enfants rendaient habituellement si bruyant, était également silencieux. Les trois garçons, Télamon*, Pélée* et le petit Phorcys* dormaient enlacés, sans se douter qu'un jour, pas si lointain, deux des frères assassineraient le troisième qui, pour l'instant, souriait innocemment entre leurs bras, dans le même sommeil.

La marée de la nuit monta de la Crète au Caucase, puis au-delà, en noyant le monde de rêves. La galère peinte resta ancrée dans les brouillards caucasiens, même lorsque le feu de l'aède, éteint depuis longtemps, fut devenu un tas de cendres.

Des yeux immenses, emplis de glace et de pitié, s'abaissèrent sur le petit navire et contemplèrent le crâne faiblement luisant de l'aède. Des lèvres aussi craquelées que la rocaille environnante esquissèrent un sourire de compassion, et l'entassement chancelant, l'étrange amas de rochers qui avait effrayé la vigie, remua lentement, comme pour ne pas irriter les éraflures causées par les chaînes.

Déjà, la plaie du flanc s'était cicatrisée. Le Titan Prométhée attendait le matin et le retour du vautour qui rouvrirait sa blessure. Il se tourna avec lassitude vers l'est. L'attente du jour était encore plus pénible que la douleur que celui-ci amènerait. Cette nuit semblait avoir outrepassé de beaucoup ses limites naturelles. Zeus, son ennemi, devait courir le guilledou. Le Titan le sentait.

Prométhée se demanda dans quelle ville obscure, par quelle porte ou par quelle fenêtre allait s'introduire l'oiseau trompeur, ou la pluie d'or, ou la nuée noire qui ferait gémir les chiens et panteler de désir la femme de la maison.

Le dieu était-il en Thessalie ? La prophétie de Thémis, dont le récit était monté jusqu'à lui depuis la galère peinte, hantait ses pensées. Thétis était-elle toujours accroupie sur le rivage, attendant l'amant qui engendrerait l'enfant tant désiré ?

Cet amant serait-il Zeus ? Cette nuit était-elle véritablement celle où Zeus sèmerait enfin la graine de sa propre destruction et procréerait un fils plus puissant que lui-même ?

Prométhée rêvait d'être libéré par un tel enfant. Il leva les yeux vers les étoiles, mais celles-ci s'éteignirent l'une après l'autre comme si elles refusaient de révéler l'endroit où Zeus se trouvait.

L'obscurité était maintenant presque totale. Le devin aveugle Tirésias*, qui s'éveilla un instant, se crut toujours endormi et, sur le champ de bataille voisin d'Oechalia, les sentinelles du camp ronflaient auprès de feux de bivouac réduits à de minuscules points lumineux. Les bandits aux yeux vifs eux-mêmes bâillèrent et s'assoupirent à côté des cadavres à demi dépouillés de leurs dernières victimes et, sous sa tente, Amphitryon*, le stratège victorieux, rêva d'Alcmène, son épouse, et des caresses dont il la comblerait lorsqu'il regagnerait Thèbes. Car la voluptueuse beauté d'Alcmène* était telle qu'elle aurait séduit même un dieu...

– Amphitryon... oh, Amphitryon ! gémit Alcmène au fond de la couche royale de Thèbes.

Et Amphitryon, couché auprès d'elle, éclata de rire, dissimula ses étranges yeux d'or... et la posséda une fois de plus.

Mais en Thessalie, Thétis aux sandales d'argent, accroupie sur le rivage, rêvait toujours d'un amant inconnu et d'un fils à venir. Elle était seule.

Les ténèbres finirent quand même par faire place à l'aube. L'énorme oiseau de proie, dont les rémiges se soulevaient et s'abaissaient comme des rangées d'avirons, passa une fois de plus au-dessus de la galère peinte et disparut dans les brumes qui se dissipaient. L'aède l'entendit bientôt trompeter en éveillant des échos parmi les rochers, et il comprit qu'il devait s'agir des cris du rapace, car quelle autre créature s'élèverait à une telle hauteur dans ces solitudes glacées ? Mais les marins tremblèrent de peur à la pensée qu'un être vivant, quel qu'il fût, pût crier suffisamment fort et suffisamment longtemps pour secouer le navire de la proue à la poupe et faire claquer la voile comme une peau desséchée.

Ce même jour ils arrivèrent en Colchide où, selon son habitude, l'aède ne passa qu'une seule nuit. Les hautes tours du palais lui furent fermées au nez : la reine était en train d'accoucher, et personne n'avait la tête aux ballades. Il apprit par la suite qu'elle avait donné le jour à une fille nommée Médée et que les déesses avaient assisté à la naissance. Il sourit, un peu ironiquement : les divinités apparaissaient toujours dans la ville précédente ou dans la ville suivante, jamais dans celle où il aurait pu les voir. Et pourtant, lorsqu'il les chantait, il croyait sincèrement en elles, et quand son chant était achevé, il était partagé entre la joie et l'envie en voyant que ses croyances survivaient à ses ballades, même si c'était dans d'autres cœurs que le sien. Si seulement... Ah ! si seulement il avait eu d'aussi bons yeux que la vigie ou le pêcheur de la plage, en Thessalie !

Avec le recul du temps, même l'histoire de la prophétie de Thémis à la divinité marine, qui l'avait tellement frappé sur le moment, lui apparaissait maintenant comme un rêve. Il n'en continuait pas moins à la raconter : il faut bien gagner sa vie. Une fois de plus, il tourna ses pas vers le sud et voyagea lentement de coin du feu en coin du feu, glanant des anecdotes pour étoffer son récit et espérant toujours – envers et contre tous les arguments qui se dressaient comme autant de froids murs de pierre – tomber un jour sur le commencement de preuve qui dissiperait ses doutes. En cheminant sur les routes poussiéreuses, il tournait sans cesse la tête de droite et de gauche avec un sourire passionné, désespéré, comme si, d'une minute à l'autre, ses yeux usés allaient enfin apercevoir un dieu.

Sur les collines situées au nord de la vallée du fleuve Asôpos s'élève Thèbes, la ville aux sept portes. Elle a été édifiée par Cadmos* avec l'aide d'hommes qui jaillirent tout équipés d'un sillon creusé avec la dent d'un serpent. Ce sillon, abondamment herbu, était toujours visible lorsque l'aède franchit la plus petite des sept portes, mais les Thébains ne lui parurent pas avoir des origines plus surnaturelles que le reste de l'humanité.

Comme de coutume, il commença par se rendre dans les communs du palais pour se renseigner auprès des serviteurs sur le caractère et l'humeur de leur maître, et aussi afin de recueillir quelque potin qu'il présenterait de façon flatteuse au cours de son récital du soir. C'était l'aspect le plus subtil de l'art de l'aède : mêler à ses prodiges la touche familière de la chronique locale. Bien qu'il fût toujours heureux d'écouter quelque brave intendante relater les récentes visites des dieux, les ragots des filles de cuisine sur les scandales plus croustillants des humains le fascinaient tout autant.

A peine avait-il pénétré dans les communs et débarrassé ses grands pieds calleux de la poussière et du sable des chemins, qu'il apprenait que le seigneur Amphitryon et la pieuse Alcmène étaient brouillés. Le grand homme n'avait pas honoré de sa présence la couche de son épouse depuis qu'il était revenu de la sanglante bataille d'Oechalia obsédé par ses succès militaires. Une servante malicieuse et délurée faillit s'étrangler de rire en racontant le retour au foyer d'un Amphitryon impatient de se glorifier de ses exploits. Mais la vertueuse dame Alcmène avait bâillé et déclaré :

– Une fois suffit, mon seigneur. J'ai déjà appris la nuit dernière, entre les baisers, comment chaque javelot avait atteint son but, quelle armure il avait transpercée et quel combattant avait été englouti dans le ténébreux abîme de la mort. Vous pourriez peut-être, mon seigneur, attendre à demain pour me décrire à nouveau tout cela.

– Qui donc vous l'a raconté ? s'était écrié Amphitryon sidéré.

– Comment ? Mais vous, mon seigneur... au lit, hier soir. Auriez-vous oublié ?

Alors le seigneur Amphitryon avait été submergé par la plus terrible des colères en comprenant que quelque scélérat l'avait devancé et, sous le couvert de la fameuse longue nuit, avait pris sa place et dérobé jusqu'à l'éclat de sa glorieuse épopée.

– Et depuis lors, conclut la servante en riant, il ne l'a pas approchée une seule fois ! Je me demande s'il a eu peur de ne pas être à la hauteur de cet autre Amphitryon qui, apparemment, était un chaud lapin !

A ce moment, l'intendante, qui était une femme pondérée, entendit rire la jeune fille et la fit taire d'une taloche bien appliquée. Après quoi elle entreprit d'exposer à l'aède ce qui s'était véritablement passé.

– C'est le tout-puissant Zeus en personne, expliqua-t-elle avec déférence, car elle respectait encore plus les dieux que son royal maître et sa dame, qui est venu visiter ma maîtresse cette nuit-là, afin d'engendrer le fils qui dirigera la maison de Persée.

L'aède hocha la tête en essayant d'éviter les regards ironiques de la servante.

– Mais la déesse Héra* fut jalouse de ma maîtresse qui, sans le savoir, avait été pendant une nuit la reine du grand Zeus, continua l'intendante avec circonspection. Sinon, comment expliquer que le chétif petit Eurysthée* soit né au septième mois de la vaniteuse reine de Mycènes, si ce n'est pas pour devancer d'une unique et fatale journée notre adorable bambin ? C'était l'œuvre d'Héra, mon ami. Et, sans vouloir manquer de respect au seigneur Amphitryon, tout le monde peut voir, de la moitié d'un œil, que notre Héraclès* est le fils de Zeus.

Sur quoi la servante ferma un œil, couvrit la moitié de l'autre et se livra à une telle pantomime de respectueuse admiration que l'aède eut beaucoup de mal à garder son sérieux.

Il fallait bien reconnaître que le seigneur Amphitryon n'était pas spécialement séduisant. Noir de poil, court sur pattes, il avait le cheveu gras et l'œil glauque. Sa haute naissance apparaissait davantage dans son comportement que dans son aspect extérieur. Alcmène, en revanche, était d'une beauté presque inégalable. Peut-être son menton manquait-il un tout petit peu de fermeté et son nez n'était-il pas aussi rectiligne qu'il aurait pu l'être, mais ces imperfections mineures lui conféraient une maturité et une tendre humanité qui vous allaient droit au cœur. Ils s'assirent côte à côte – séparés par un intervalle significatif – et s'apprêtèrent à écouter la ballade de l'aède.

Dans l'âtre, le feu brûlait doucement : les visions qu'il recelait étaient toutes d'ordre domestique. Quels que fussent les dieux qui avaient jadis foulé le sol de Thèbes, seuls des humains sagaces et imaginatifs l'habitaient maintenant. L'aède se demanda quelle était la meilleure façon de présenter le récit de l'intendante sur la nuit d'amour de Zeus et le merveilleux enfant qu'il avait donné à Alcmène, et il se gratta le crâne. Puis il leva la main pour pincer sa lyre.

Il hésita. Un souffle froid avait soudain balayé les dalles de marbre. Dans l'âtre, une brusque flambée fit bondir les ombres effrayées à l'assaut des colonnes pour se réfugier en tremblant sous le plafond obscur et, dans le silence, on entendit un étrange bruissement, un friselis de feuilles sèches qui traversa la salle de bout en bout.

Tout mouvement, tout frou-frou de robe, tout raclement de pied et jusqu'au moindre bruit de respiration semblait suspendu. L'aède fronça les sourcils en s'apercevant que sa main levée tremblait violemment. Maintenant, le bruissement mystérieux avait cessé, mais le froid subsistait et le silence également. Et puis ce silence fut rompu. Quelque part dans le palais, on entendit une femme pousser un cri perçant et un enfant éclater de rire.

Des serpents dans la chambre d'enfant

Une odeur étrange, douceâtre, envahit la chambre d'enfant. Elle émanait d'une lumière qui, telle une épaisse brume dorée, avait soudain surgi d'entre les chapiteaux sculptés des colonnes qui flanquaient la porte. Tapie dans un coin, une vieille femme – une nounou – essayait de protéger ses yeux de la lumière qui brûlait sa peau ridée. C'est elle qui avait hurlé mais, maintenant, bien que sa bouche fût toujours grande ouverte, elle était incapable d'émettre autre chose qu'un faible halètement étranglé.

Au centre de la pièce se dressait un berceau aux flancs sculptés comme des boucliers, dans lequel un bébé d'une dizaine de mois se tenait dressé. Il était nu, ayant rejeté son lange de fine laine d'agneau qui pendait par-dessus le pied du berceau. Gloussant de plaisir, l'enfant tendait ses menottes potelées vers le sol. Comme pour répondre à son invite, le froissement sec que l'on avait entendu un instant plus tôt dans la salle recommença. La nounou reprit ses efforts pour hurler.

Le friselis cessa, et deux énormes serpents – dont la reptation sur les dalles de marbre avait produit le bruit suspect – commencèrent à se tordre en se dressant vers les mains tendues de l'enfant. Leurs têtes plates, venimeuses, se balancèrent de droite et de gauche comme si elles cherchaient une prise sur le bois sculpté, puis elles s'élevèrent à la hauteur du cou du bébé, oscillant légèrement et goûtant la brume dorée à petits coups de langue rapides.

Un bruit de pas immobilisa momentanément les têtes dodelinantes. La lumière, dans la chambre, décrut rapidement, et elle était presque entièrement éteinte lorsque la porte s'ouvrit à la volée et que la lueur des torches illumina la pièce.

Sur le pas de la porte, Alcmène et Amphitryon semblaient changés en statues. Ils avaient vu les serpents dardés et n'osaient pas faire un geste de peur de les effrayer. Alors le petit Héraclès, ravi d'avoir un public, tendit les bras avec curiosité et tâta les têtes écailleuses dont les yeux froids fixaient un endroit déterminé de son cou.

Alcmène gémit. L'enfant venait de saisir les serpents à la base de la tête. Leurs mâchoires s'ouvrirent toutes grandes, et le venin tomba goutte à goutte de leurs crochets. Puis il se mit à jouer avec eux, mais sans jamais relâcher sa prise. Il rapprocha les deux têtes comme s'il voulait qu'elles s'embrassent, puis les écarta rapidement. Les énormes anneaux se tordirent de part et d'autre du berceau et finirent par s'y répandre comme une double coulée de bronze qui menaçait d'engloutir l'enfant.

Fasciné, celui-ci tenta de monter dessus. Il essaya même de jouer avec eux, du bout du pied, jusqu'au moment où il parut perdre patience et se mit en colère. Ses regards furieux allaient d'une gueule béante à l'autre comme s'il se demandait quelle tête correspondait à quelle queue, car il était maintenant enfoncé jusqu'à la poitrine dans un sinueux labyrinthe sans commencement ni fin. Soudain, tout mouvement cessa. Les anneaux frémirent et s'immobilisèrent. Le visage de l'enfant s'éclaira. Il sourit et lâcha les têtes des serpents, qui tombèrent comme des jouets cassés. Il les avait étranglés.

Le père et la mère attendirent le matin, car l'homme dont ils avaient besoin était si vieux que chaque heure de sommeil lui était indispensable, puis ils convoquèrent Tirésias, le devin aveugle de Thèbes. Ils lui racontèrent ce qui s'était passé et attendirent impatiemment qu'il formule son interprétation : il était tellement âgé que sa langue semblait s'être desséchée dans sa bouche. Certains prétendaient que c'était la déesse Athéna* qui l'avait rendu aveugle parce qu'il l'avait vue dans son bain, d'autres que c'était Héra parce qu'il avait pris parti contre elle dans une discussion avec le tout-puissant Zeus. Mais tout cela remontait si loin que Tirésias lui-même n'était plus sûr de rien et racontait tantôt une chose, tantôt une autre. De toute manière, c'était une déesse qui l'avait rendu aveugle. Et elle lui avait donné des yeux pour voir en dedans en échange de ceux qui voient en dehors.

Soutenu par des serviteurs, le devin écouta d'abord la nounou, puis Amphitryon, et enfin Alcmène. Il ordonna qu'on lui apporte les serpents morts et, à la lumière du jour, ceux-ci se révélèrent de véritables monstres, deux fois plus grands qu'un homme et aussi gros (dans la partie la plus large) que la robuste cuisse d'Amphitryon. L'aveugle posa les mains sur eux, tâta leurs écailles et demanda quelle était leur couleur, laquelle, maintenant gris terne, avait été, de leur vivant, un bleu froid et maléfique.

– Héraclès a un ennemi puissant, décréta-t-il finalement. C'est Héra elle-même qui a envoyé ces serpents le détruire. Cependant, Zeus l'a protégé. L'enfant sera un grand héros, dame Alcmène, peut-être le plus grand de tous, mais la haine d'Héra le poursuivra inlassablement. Elle lui enverra d'autres destructeurs, jusqu'à des serpents de l'esprit.

Alcmène frissonna, mais Amphitryon, qui ne songeait qu'à la gloire, sourit.

– Sage Tirésias, demanda la placide intendante qui était très portée sur les formules et les herbes magiques, que faut-il faire des serpents, et quelles herbes devons-nous répandre sur le seuil pour protéger cette maison ?

Tirésias se rembrunit. Il n'aimait pas les superstitions.

– Si j'étais toi, répondit-il sèchement, je brûlerais les serpents avant qu'ils ne pourrissent avec des herbes aromatiques.

On l'emporta hors du palais, et il hocha la tête en sentant la chaleur du soleil.

– Laissez-moi, je vais marcher, murmura-t-il à ses serviteurs.

Ils lui donnèrent deux cannes d'olivier sauvage et le regardèrent affectueusement traverser la cour en clopinant vers le portail.

Une silhouette se détacha de l'ombre du mur extérieur. C'était un homme chauve qui paraissait bien décati, avec ses vêtements râpés et ses yeux chassieux. Il portait une lyre...

– Tirésias, chuchota l'aède en posant sa main sur la manche de l'aveugle.

Ayant été abandonné au coin du feu pendant le drame de la nuit et oublié dans l'agitation de la matinée, il s'était attardé dans l'espoir de parler au célèbre devin dont tout le monde savait qu'il avait vu les dieux et s'était entretenu avec eux.

– Parlez-moi des dieux, susurra-t-il. A quoi ressemblent-ils, en réalité ?

Tirésias sourit. Il devinait le monde d'angoisse qui l'implorait derrière la question de l'inconnu et comprenait l'homme qui cherchait désespérément une preuve... et ne l'en détruirait pas moins infailliblement si jamais il la trouvait.

– Ils ressemblent aux hommes, répondit-il doucement, et quand vous en voyez un, c'est comme si vous vous trouviez soudain devant l'original d'une célèbre statue que vous ne connaissiez que par un millier de mauvaises copies. Car les hommes ne sont que de grossières imitations faites d'un matériau plus vil, mon ami. Les dieux resplendissent, si bien qu'il est difficile de cerner leur forme exacte. La grande Héra bouge continuellement ; sa chevelure noire elle-même semble toujours en mouvement. Athéna est également très remuante, mais ses gestes sont plus mesurés. J'ai vu le divin Héphaïstos : sa peau dorée est toute grêlée de brûlures causées par les étincelles de sa forge, et il sent encore l'odeur de la mer ; il marche avec des béquilles d'or, mais il est très vif et il a le pied sûr.

– Et le tout-puissant Zeus ?

– Je ne l'ai vu que de dos, mon ami, et on aurait dit une montagne éblouissante. Il était en compagnie d'Hermès*, qui paraissait tout petit, tout mince ; il est plus argenté que les autres. Son visage était souriant, et il détournait les yeux comme s'il s'amusait d'une plaisanterie qu'il était seul à connaître. Je ne ferais pas confiance à Hermès, et c'est pourtant le seul dieu que nous sommes tous appelés, un jour ou l'autre, à prendre par la main.

L'aède écouta, d'abord empli d'une crainte respectueuse, puis envahi par le doute. Le devin était si vieux... Avait-il réellement vu tout cela ?

– Qui vous a rendu aveugle, Tirésias ?

– J'ai oublié, murmura Tirésias épuisé d'avoir tant parlé. C'est arrivé il y a longtemps... tellement longtemps.

« Vous souvenez-vous d'avoir jamais vu quoi que ce soit, ou êtes-vous aveugle de naissance ? » songea tout bas l'aède et, pour mettre le devin à l'épreuve, il lui parla de la mer et lui demanda de quelle couleur il se la rappelait, car il faut avoir vu la mer de ses yeux pour pouvoir décrire sa couleur.

– Sombre, répondit Tirésias en fronçant les sourcils. Sombre comme le vin.

L'aède soupira : c'était la réponse d'un homme qui n'avait jamais eu d'yeux. Aussi l'aède reprit-il sa longue errance, les yeux fureteurs et l'esprit en éveil, toujours à la recherche de ce qu'il savait, au fond de son cœur, qu'il ne trouverait jamais.

Derrière lui, Thèbes aux sept portes disparut bientôt dans la poussière et, avec elle, le bébé Héraclès, fils de Zeus, que la déesse Héra s'était juré de détruire.

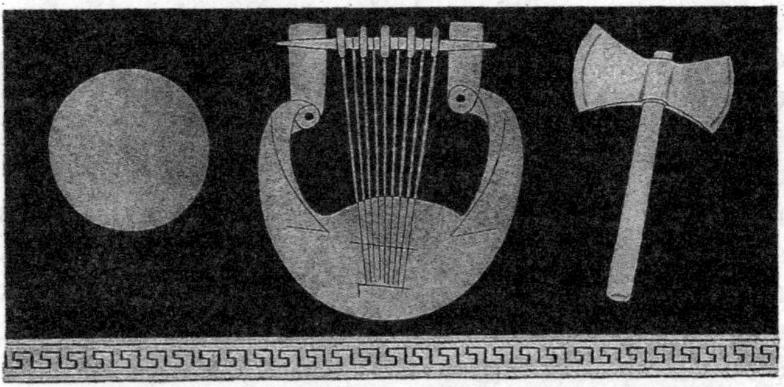

Des serpents dans la tête

Héra, l'épouse de Zeus, continua à ourdir sa vengeance reptilienne mais, cette fois, elle utilisa des serpents minuscules, aussi ténus que l'air, afin qu'ils pénètrent dans les yeux, les oreilles et les narines pour atteindre le cerveau vulnérable qui se cache derrière. Ils se mirent en route, plus bas, toujours plus bas, rampant et crachotant comme une pluie tiède...

Dans l'île d'Égine, trois enfants qui avaient naguère partagé le même berceau marchaient déjà sur le chemin de la gloire. Si Télamon et Pélée étaient beaux et vigoureux, Phorcys, le plus jeune, les éclipsait de très loin, et son père le chérissait comme la prunelle de ses yeux. Chiron* lui-même, le célèbre centaure, admira ses talents lorsque Phorcys vint, avec ses frères, suivre les cours de sa fameuse école du mont Pélion. Mi-homme mi-cheval et réunissant le meilleur des deux créatures, Chiron était d'une origine très ancienne et l'un des chefs de sa race. Sa caverne était si pleine de lyres, d'épées et d'instruments d'astronomie que ses élèves se plaignaient souvent qu'il ne restait pas un seul endroit où s'asseoir, sauf sur le large dos du centaure. C'était néanmoins là que les princes de ce monde venaient apprendre toutes les subtilités des arts de la paix et de la guerre avec quelqu'un qui les maîtrisait tous. Ils formaient un groupe de jeunes gens particulièrement brillants, car ils venaient trouver Chiron après avoir surclassé tous leurs autres professeurs.

Héraclès de Thèbes brûlait d'envie de se joindre à eux, et il y était mieux que préparé. C'est Amphitryon lui-même qui lui avait appris à conduire un char et, quand le garçon prenait les guides, les chevaux s'élançaient comme si c'était la première fois qu'ils sentaient la poigne d'un maître. Il en allait de même dans tous les domaines. Bien qu'excellents, ses précepteurs pouvaient seulement sourire tristement lorsque l'enfant prodige les surpassait. Néanmoins, il existait malheureusement une discipline dans laquelle il piétinait : la littérature. Son professeur, Linos*, pourtant fils d'une charmante Oréade, était un homme particulièrement opiniâtre et pédant. Aussi Héraclès resterait-il à Thèbes jusqu'au jour où Linos se déclarerait surpassé. Or, celui-ci s'y refusait obstinément. Sa tête était farcie de règles désuètes que, avec ses faibles lumières, il prenait pour de l'or, et il considérait comme un demeuré têtu et aveugle l'élève qui refusait de se laisser emprisonner dans les mêmes carcans que lui.

Et voilà qu'un beau jour, par un temps radieux sans la moindre menace de pluie, Héraclès eut envie de passer une agréable matinée au bord du fleuve dans lequel les jeunes Thébaines venaient laver le linge de leurs parents. Son professeur de musique étant souffrant – ce qui lui arrivait souvent quand le ciel était au beau fixe et qu'il y avait des nymphes dans les parages – le garçon alla docilement décrocher sa lyre du mur de la salle de classe et partit jouer des sérénades de son cru.

– Où crois-tu aller comme ça ?

Linos se dressait devant lui, son visage renfrogné grimaçant sous le gai soleil comme si celui-ci l'offensait. Héraclès tenta de s'expliquer, mais Linos le fit taire : il connaissait la musique, il ferait la leçon à la place du maître absent. Pas question de sérénade en plein air, quelque douce que fût cette belle journée. L'enfant soupira mais, ayant appris la philosophie, il connaissait la vertu de la résignation.

– Bon, d'accord, dit-il en réintégrant la sombre salle de classe. De toute façon, il va pleuvoir.

Linos fronça les sourcils.

– Je n'en crois rien.

Héraclès haussa ses larges épaules. Il ne voulait pas discuter, mais il avait distinctement senti, sur son front et ses paupières, des gouttes de pluie tiède.

Linos monta sur l'estrade de pierre et posa ses grosses mains sur la balustrade de bronze gravé.

– Joue-moi l'exercice que tu devais préparer, dit-il en désignant le tabouret de bois blanc de l'élève.

Héraclès posa le pied sur le tabouret et appuya la lyre sur sa cuisse. Il jeta un regard sur le soleil qui brillait au-dehors et battit énergiquement des paupières. Ses yeux étaient tout embués... peut-être par le regret des joyeuses Thébaines du fleuve, peut-être par une image fugitive d'un groupe de gracieux jeunes gens étudiant dans la caverne de Chiron, sur le mont Pélion, où lui, le meilleur de tous, ne pourrait jamais aller. A moins que cette humidité ne fût simplement due aux gouttes de pluie tiède qui étaient tombées d'une manière si imprévisible du ciel radieux.

Il commença à jouer, non pas un exercice, mais un morceau de sa composition, parce qu'il avait passionnément envie de prouver à Linos que le souffle de la fantaisie n'était pas éteint en lui, et aussi parce qu'il désirait sincèrement donner satisfaction et faire bonne impression.

Ses doigts vigoureux et d'une surprenante virtuosité commencèrent par une introduction bruyante et rapide dans laquelle les notes se bousculaient comme si elles dévalaient un escalier. Puis, avant que les échos de ce mélodieux tapage ne se fussent éteints, il baissa la tête comme pour mieux saisir les notes perlées de la mesure solennelle qu'il tira de l'instrument. D'une certaine façon, cette mesure semblait, dans sa grande dignité, être une malicieuse parodie de la majestueuse démarche de Linos car, par moments, elle s'accélérait brusquement comme le faisait Linos quand il croyait que personne ne le regardait. Linos pinça les lèvres. Et quand cette pesante mesure se révéla n'être pas autre chose que l'accompagnement d'un air extrêmement dansant, il sentit l'ironie qu'elle recelait et ses yeux brillèrent de colère.

Héraclès continua à jouer en enjolivant ses thèmes de toute la vivacité, toute la majesté et toute la beauté dont il était capable. Ses doigts semblèrent se multiplier et transformèrent les cordes de la lyre en une brume d'or vibrant comme l'aile d'une libellule jusqu'au moment où une brusque chiquenaude suspendit tout son et tout mouvement. Il sourit de toutes ses dents et, par une seconde cascade de notes encore plus bruyante que la première, amena son morceau à une conclusion plaisamment triomphale, puis il leva les yeux, conscient de n'avoir jamais aussi bien joué.

– Vous jouez, déclara posément Linos, comme si vous aviez des sabots de sanglier.

– Et vous entendez, rétorqua Héraclès furieux, comme si vous aviez des oreilles d'âne !

Linos s'empourpra. Personne, jusqu'ici, ne lui avait jamais tenu tête. Il descendit de l'estrade, saisit la lyre et en frappa violemment les épaules de l'élève insolent. Les yeux d'Héraclès s'emplirent de larmes. Un élancement fulgurant lui traversa la tête et, sur le moment, il l'attribua au coup qu'il avait reçu, car il ne ressentit aucune douleur par ailleurs. La stupeur avec laquelle il dévisagea Linos se transforma vite en répugnance. Le visage haïssable du maître avait un aspect plat et venimeux, la peau de son cou était squameuse... Avec un cri de dégoût, Héraclès empoigna le tabouret de bois et, avec sa force colossale, l'abattit sur la tête menaçante qui lui faisait face et la réduisit en bouillie. Le sang jaillit à flots des yeux et de la bouche de Linos...

L'enfant passa en jugement pour meurtre, mais protesta qu'il avait été frappé le premier. La meurtrissure tuméfiée produite par la lyre était un argument de poids et il fut acquitté, mais la circonstance atténuante avait manifestement moins plaidé en sa faveur que son extrême jeunesse. Sa force immense et son humeur instable firent trembler Amphitryon qui, redoutant quelque nouvelle explosion de violence de sa part, l'expédia dans une ferme en dehors de Thèbes jusqu'à ce que le souvenir de son crime se soit effacé de la mémoire de la population. Les espoirs qu'Héraclès avait pu caresser de se joindre aux princes sur le mont Pélion étaient maintenant enterrés à tout jamais. Le scandale d'un geste comme le sien se répandrait inévitablement en dehors des murs de Thèbes.

Le roi d'Égine en entendit certainement parler, et la fierté que lui inspiraient ses propres fils en fut probablement accrue. La pensée de Phorcys, son merveilleux cadet, dut particulièrement le réjouir et, bien que ce ne fût pas la coutume – sauf en cas de catastrophe ou d'affaire d'État – il envoya un messager au mont Pélion dire à ses trois fils de revenir immédiatement. Il n'avait vraisemblablement pas d'autre raison pour cela que le désir de les revoir, mais Phorcys fut prodigieusement excité : il crut que leur père les faisait rentrer afin de le désigner officiellement comme son successeur. Il était incapable d'imaginer un autre motif, et ses frères, Télamon et Pélée, furent enclins à partager cet avis. L'intelligence de Phorcys et son aptitude à gouverner devenaient de jour en jour plus manifestes. Généreusement, ils l'admiraient et s'émerveillaient de sa supériorité sur eux. Jamais frères ne furent plus fiers de leur cadet. Aussi les trois frères quittèrent-ils le mont Pélion, nantis de la hache, du disque de pierre et de la lyre d'argent que le vieux centaure offrait à ses élèves à leur départ. Télamon avait gagné le disque, Pélée la hache, et Phorcys la lyre d'argent qui était le trophée le plus convoité, car Chiron plaçait la musique au-dessus de tous les autres arts.

Le fait que les trois frères étaient unis par la plus profonde affection lorsqu'ils atteignirent l'île d'Égine ne saurait être mis en doute. Leurs rapports étaient même empreints d'un enjouement juvénile. Télamon et Pélée s'amusaient à saluer Phorcys jusqu'à terre, à le couronner de laurier et à le porter en triomphe. En cours de route, ils disputèrent des courses et Phorcys les distança avec son aisance habituelle. Pour lui, gagner était plus qu'une habitude, c'était une obsession.

Et puis ils arrivèrent à un champ entouré de petits arbres tellement touffus qu'ils formaient presque un mur. Là, Télamon proposa de se mesurer avec le disque de pierre. Phorcys, avide de briller une fois de plus, accepta, et les trois frères pénétrèrent dans le champ. Quelques minutes plus tard, on vit le disque effleurer la cime des arbres dans une gracieuse parabole. Et puis on entendit un cri aigu... et ce fut tout.

Télamon et Pélée émergèrent du couvert des arbres. Ils avaient le visage blême et le souffle court. Phorcys n'était pas avec eux.

Plus tard, on découvrit dans le champ, maladroitement dissimulés sous des hautes herbes, un disque et une hache souillés de sang. Pas trace de Phorcys ni de la lyre d'argent. On ne les retrouva que le lendemain. Phorcys avait été assassiné et son cadavre hâtivement enfoui dans des broussailles. La lyre fut découverte dans une autre partie du champ.

Télamon se réfugia à Salamine et Pélée en Phtiotide ; les deux frères nièrent farouchement toute participation au crime. Mais le seul doute qui subsista fut de savoir lequel avait assommé Phorcys avec le disque et lequel lui avait fendu le crâne avec la hache.

Alors que le roi de Thèbes était toujours le père d'un assassin, celui d'Égine était maintenant celui de deux assassins.

Phorcys fut enterré auprès du temple dans lequel le roi avait naguère remercié les dieux de sa naissance. Les mérites du jeune défunt semblèrent augmenter de jour en jour, et le panégyrique gravé dans le mur du temple finit par n'être qu'une vétille à côté de celui qui fleurissait quotidiennement sur les lèvres de son malheureux père. Phorcys devint l'un de ces parangons de toutes les vertus qui existent seulement dans la mémoire d'un parent éploré. Le roi avait depuis longtemps effacé tout souvenir de ses autres fils. C'étaient les dieux qui lui avaient ravi Phorcys parce qu'ils étaient jaloux de ses talents et de sa beauté.

– Ces deux meurtriers avaient pour nom Télamon et Pélée, chuchota l'intendante aux yeux rougis à l'oreille de l'aède lorsque le conteur ambulant arriva à Égine plein de ballades sur les Titans et les dieux. Mais distrayez le père si vous le pouvez.

L'aède acquiesça et, par la magie de son art et conformément à ses habitudes, il transfigura le destin de Phorcys en une lumineuse tragédie bien éloignée des turpitudes humaines. Le roi pleura abondamment et récompensa l'aède par le don de deux tuniques ayant appartenu aux fils dont on ne prononçait plus les noms.

– Vous connaissez bien les dieux, mon ami. Je vous envie la consolation qu'une telle connaissance doit apporter.

L'aède sourit mélancoliquement. Comme toujours, son destin était de créer des dieux pour les autres sans jamais les rencontrer lui-même. Ses pérégrinations n'avaient pas cessé et son histoire s'était allongée d'anecdotes grappillées de droite et de gauche. Peu de temps auparavant, il s'était trouvé en Étolie, ou la reine de Calydon lui avait confié, dans un élan d'orgueil familial, que les trois Moires avaient assisté en personne à la naissance de Méléagre*, son merveilleux fils. L'aède avait haussé les sourcils : il s'agissait là d'un fait encore plus remarquable que les habituelles interventions des déesses. La reine lui avait montré un tison à demi consumé qu'elle chérissait et expliqué que son fils vivrait éternellement à condition que ce tison ne soit jamais brûlé jusqu'au bout. Les Moires elles-mêmes l'avaient certifié...

– Effectivement, répondit l'aède au père du malheureux Phorcys, personne ne connaît les dieux mieux que moi.

Il changea sa tunique râpée contre l'une de celles qu'il venait de recevoir. Les années avaient dû le ratatiner plus qu'il ne le pensait, ou alors les fils du roi d'Égine avaient des statures de géants. La tunique l'enveloppait si bien qu'il se prenait les pieds dedans, et il partit en trébuchant comme un bébé emmailloté dans un châle, un bébé au visage aussi vieux, aussi tanné et aussi fripé qu'une olive sèche.

Un rassemblement de héros

Phorcys était mort. Ses frères, tout comme Héraclès, vivaient désormais en exil. Toutefois, les héros ne manquaient pas : chaque mère en avait enfanté un, tout prêt à défier les dieux eux-mêmes. De temps en temps, l'un de ces défis était relevé, et l'aède enregistrait consciencieusement les affrontements, rendait les défaites encore plus glorieuses que des victoires... et regardait attentivement où il posait les pieds, de crainte de marcher par inadvertance sur une fourmi, une araignée ou un lézard qui, à un moment ou à un autre, avait été un homme aussi héroïque que téméraire.

Il lui arrivait parfois, après avoir célébré les hauts faits de quelque adolescent au sourire modeste qui s'était joint de mauvaise grâce à la compagnie du coin du feu, de devenir à son tour un auditeur pour le royal père du jeune homme, qui se rappelait invariablement avoir chassé des sangliers dix fois plus gros et plus dangereux que ceux qui hantaient maintenant les forêts et se demandait où ces monstres étaient passés. Dans ces cas-là, l'aède souriait mais gardait le silence. Il n'y avait aucun profit à expliquer à ces combattants de la veille que ce n'étaient pas les dangers qui avaient rapetissé mais eux qui avaient grandi, et qu'aucun fils ne pourrait jamais affronter les terreurs de l'enfance de son père et les vaincre. Pour figurer dignement les angoisses surnaturelles auxquelles tous les hommes étaient en proie, il aurait fallu que tous les lions fussent aussi gigantesques que le fauve qui avait dévasté Némée et tous les serpents dotés d'autant de têtes que l'abominable hydre lovée dans le marais de Lerne.

Et puis, un beau jour, un monstre terrible et inconnu fit son apparition dans les bois et les champs de Calydon. C'était à croire que le monde avait soudain basculé et vomi de quelque antre mystérieux cette chose énorme et sanguinaire, afin de ravager les moissons et d'éventrer le bétail avec ses défenses aussi longues et aussi acérées que des lances.

Il s'agissait – ou il semblait s'agir – d'un sanglier colossal. Ceux qui l'avaient approché d'assez près pour s'en faire une idée précise lorsqu'il surgissait de l'abri des bois le décrivaient comme un animal de la taille et du volume d'un gros taureau, couvert de poils anormalement raides, dont la hure et l'immense poitrail étaient mouchetés de fleurs d'écume. Comme on avait remarqué, la nuit où il avait fait sa première apparition, que l'une des pointes du croissant de la lune était traversée par une traînée de brume aussi rouge que du sang, on supposait que le monstre était envoyé par Artémis*, déesse de la Lune, mécontente que ses autels n'aient pas été suffisamment honorés au cours de l'année précédente.

Le roi de Calydon s'étant lui-même rendu coupable d'une telle négligence, beaucoup prétendirent que le remords d'avoir accablé ses sujets d'un tel désastre l'avait incité à décréter l'organisation d'une grande battue pour détruire le monstre, mais il se pouvait aussi que ce fût pour satisfaire sa passion de la chasse et donner à son fils Méléagre l'occasion d'affronter un fauve semblable à ceux qui parcouraient le monde au temps de la jeunesse de son père. A moins qu'il n'y eût quelque mobile plus secret, à peine compris du roi lui-même lorsqu'il dépêcha ses messagers essoufflés aux quatre coins du pays pour inviter les princes à venir, avec des lances, des flèches et des chiens, chasser aux côtés de l'inégalable Méléagre et glaner autant de miettes de gloire qu'ils le pourraient.

Le premier à arriver fut Télamon. Il venait de Salamine où il avait avoué le meurtre de son frère et obtenu son pardon, au moins de la part des hommes mais, quand il se trouva face à face avec Méléagre, il baissa les yeux et détourna la tête. La dernière fois qu'ils s'étaient vus, c'était dans la caverne de Chiron, lorsque les trois frères avaient joyeusement pris congé de toute la compagnie du mont Pélion. Bien que Télamon eût été blanchi au regard de la loi, la tache subsistait lorsqu'il s'examinait avec les yeux plus inquisiteurs de son propre cœur. C'est pourquoi il était toujours le premier à répondre à tout appel – comme cette battue à Calydon – présentant un danger et offrant une possibilité de terminer par une fin héroïque une existence ténébreuse.

En dépit de l'accueil familier de Méléagre et des efforts amicaux de celui-ci pour le mettre à l'aise, leur conversation fut coupée de longs et pénibles silences et les deux jeunes gens furent soulagés lorsque le lendemain amena d'autres princes chasseurs, dont beaucoup étaient d'anciens condisciples du mont Pélion, pour les distraire de leurs sombres pensées. Et puis, une deuxième ombre plana sur la compagnie : l'arrivée de Pélée, venant de Phtiotide où il avait, lui aussi, été absout de sa participation au meurtre de son frère. Mais Pélée, le beau, le souriant Pélée, semblait avoir laissé tous ses soucis derrière lui. Il se présenta bras dessus, bras dessous, avec Eurytos*, le fils adoptif du roi de Phtiotide, qu'il considérait déjà comme un frère. Pélée salua tout le monde avec des yeux francs, assurés, et trouva de joyeux souvenirs de la caverne de Chiron à évoquer avec chacun. Il ne cessa pas un instant de rire... jusqu'à ce qu'il arrivât à Télamon. Alors ses yeux se voilèrent, ses lèvres se pincèrent, et les deux frères échangèrent un regard aussi glacé et aussi implacable que la mort.

Les princes furent logés tous ensemble dans un pavillon de chasse en pierre et en bois, édifié sur un mamelon qui dominait la forêt abritant la bauge du monstre. Personne n'aperçut la créature, mais tout le monde entendit les terribles grognements qui retentissaient parfois la nuit et imposaient momentanément silence au joyeux brouhaha des jeunes gens excités par la perspective de la battue.

Le puissant père de Méléagre les fit festoyer durant neuf jours et les régala, durant neuf nuits, de souvenirs des sangliers, des taureaux et des étalons sauvages qu'il chassait avant que ses hôtes ne fussent nés. Sous ses gros sourcils ses yeux, que la lueur du feu faisait scintiller, allaient de prince en prince, du souriant Pélée au grave Jason* d'Iolcos, à Admète* qui avait toujours paru plus vieux que son âge, à Thésée* d'Athènes dont le front pur était si lumineux qu'il semblait éclairé de l'intérieur, au sombre Télamon... et ils revenaient se poser avec une immense fierté sur le chef de la chasse, Méléagre, son fils. A la lueur dansante des flammes, les visages tendus, portés par des cous lisses pleins de grâce juvénile, composaient un étrange auditoire de héros de rêve, comme si le père voyait la brillante compagnie par les yeux du petit aède décrépit qui était passé à Calydon bien longtemps auparavant. Et puis le terrifiant vacarme des grognements et des branches cassées retentissait dans les angoissantes ténèbres extérieures, et il se demandait si, en fin de compte, le danger n'était pas plus grand maintenant et les monstres encore plus terribles qu'au temps de sa jeunesse.

Le matin du dixième jour, les princes se rassemblèrent dans la cour du pavillon de chasse. Une forte brise soufflait et, par moments, des nuages obscurcissaient le ciel. Dans cette lumière changeante, les lances polies, les javelots et les carquois couronnés de plumes blanches semblaient onduler comme une forêt de bronze pleine de merveilleux oiseaux captifs. Çà et là, des chiens efflanqués, qui n'étaient pas encore enchaînés, trottinaient à pas feutrés, quémandaient une caresse à un chasseur qui se baissait pour resserrer les lacets de sa sandale... ou levaient une patte impertinente sur une lance tentatrice.

Méléagre était partout, instruisant la compagnie de l'organisation de la battue. S'exposer inutilement, disait-il, ne servirait à rien. Il insista particulièrement sur ce point auprès de Télamon qui, il le sentait, risquait fort de rechercher l'action d'éclat personnelle. C'était en réalité à Télamon qu'il s'adressait lorsqu'on entendit un brouhaha près du portail. Une arrivée tardive, mais juste à point pour le début de la chasse.

Méléagre se retourna au moment où, conformément à l'usage, le nouvel arrivant venait se présenter à lui. Il retint son souffle...

De grands yeux gris fixaient les siens. Des lèvres se retroussaient en un sourire mi-hostile mi-craintif. Mais il n'y avait rien de craintif dans l'arc encordé et le carquois de flèches empennées de main de maître.

Oubliant Télamon – et, à vrai dire, provisoirement tout le monde –, Méléagre sentit ses joues s'empourprer sous le regard de la jeune fille, car c'était une femme qui se tenait devant lui, même si, au premier abord, il l'avait prise pour un garçon. Elle était grande, avec de longs cheveux blonds négligemment noués sur la nuque...

– Je m'appelle Atalante*, dit-elle en souriant de la confusion de Méléagre. Mon père est le roi d'Argos, et je suis venue prendre part à la battue.

Après un bref silence, un murmure de protestation s'éleva du groupe de princes qui s'étaient assemblés autour d'eux. La chasse n'était pas l'affaire des femmes...

– Artémis est femme, rétorqua sèchement Méléagre qui sentait son autorité mise en question, et elle est la déesse de la Chasse.

– Il ne me plairait guère de chasser en compagnie d'Artémis, dit ironiquement Eurytos, car elle est également la déesse de la mort violente.

Pélée, qui se tenait auprès de lui, éclata de rire, visiblement désireux de maintenir la bonne humeur, mais les deux oncles de Méléagre vinrent mettre leur grain de sel en conseillant à leur neveu, d'un ton assez pompeux, de ne pas autoriser la présence d'Atalante.

Méléagre partageait l'antipathie de son père pour ces deux hommes, notamment pour Plexippos* qui était beaucoup trop généreux de ses conseils et avait tendance à faire semblant de gouverner le royaume par l'intermédiaire de sa trop affectueuse sœur, la reine. Si ces deux hommes ne s'en étaient pas mêlés, Méléagre aurait peut-être fini par se laisser convaincre par ses amis, mais leur intervention le mettait dans une situation délicate. Atalante s'en rendit compte et lui sourit en dissimulant à peine son ironie, mais elle lui parla avec la plus grande courtoisie.

– Si je me suis adressée à vous, dit-elle, c'est parce que j'avais cru comprendre que vous étiez le chef de la chasse, prince Méléagre.

– Et c'est effectivement le cas, répondit-il avec raideur puis, élevant la voix, il cria : Que ceux d'entre vous qui ont peur de rivaliser de courage avec une femme se retirent. S'il le faut, elle et moi combattrons seuls le sanglier !

Tout le monde se sentit obligé de relever un tel défi. Un grand frou-frou de plumes anima les carquois comme un brusque envol d'étourneaux, et les chasseurs franchirent le portail de la cour pour aller occuper les places qui leur avaient été assignées. Méléagre* avait disposé la battue en demi-cercle au sommet d'une longue pente herbeuse descendant jusqu'à la forêt, les princes les plus lestes occupant les deux ailes. Il y eut un moment de silence pendant qu'on implorait la bénédiction des dieux : les lances s'inclinèrent vers le sol, et les chiens, maintenant enchaînés, tirèrent sur leurs laisses au bout des bras tendus. Seul le vent continua à souffler, ébouriffant les cheveux du demi-cercle de princes et donnant l'impression qu'un coup de baguette magique avait fait prendre son envol à la battue immobile et même à la pente verdoyante.

A ce moment-là, la mère de Méléagre, la délicieuse reine de Calydon, vint embrasser ses frères et souhaiter en souriant le succès à son fils. Elle n'éprouvait pas la moindre crainte pour la sécurité de celui-ci, car elle se rappelait – comme si cela datait d'hier – l'heure trouble qui avait suivi la naissance de son bébé, alors que, du fond de son lit, elle regardait la lueur des flammes danser au plafond. Trois gigantesques femmes aveugles avaient trouvé à tâtons le chemin de sa chambre et une forte odeur de chèvre s'était répandue dans la pièce. Tout épuisée qu'elle fût, elle avait reconnu les Moires.

– Méléagre vivra tant que le brandon qui brûle dans l'âtre ne sera pas entièrement consumé, avaient-elles marmonné en tripotant le bord du berceau.

Après quoi elles avaient disparu aussi mystérieusement qu'elles étaient apparues, et la reine s'était glissée hors de sa couche pour éteindre le feu avec l'eau de la cuvette dans laquelle on avait lavé le petit Méléagre. Elle avait emporté le tison trempé dans son lit et refusé énergiquement de s'en séparer, même après que tout le monde lui eut certifié qu'elle avait tout bonnement fait un rêve délirant.

Depuis lors, elle avait veillé sur le tison aussi jalousement que sur sa propre vie. Son mari et ses frères avaient souvent souri de sa croyance abracadabrante. Même le petit aède ridé auquel elle l'avait montré (dans un accès de fierté surnaturelle) avait paru dubitatif, en dépit de sa courtoisie. Elle n'en était pas moins restée fidèle à ses convictions, et maintenant, alors que son fils s'apprêtait à combattre un monstre envoyé par la déesse de la Lune en personne, elle n'éprouvait pas la moindre inquiétude à son égard. Grâce aux soins dont elle entourait le tison à demi consumé, Méléagre vivrait éternellement : les Moires l'avaient promis, et les dieux cruels eux-mêmes ne pouvaient pas modifier les décrets des Moires...

La mère de Méléagre sourit fièrement lorsque les princes, rangés en demi-cercle, commencèrent à descendre la pente menant à la forêt silencieuse.

La chasse au sanglier

La forêt s'emplit de petits fantômes familiers qui faisaient la navette entre la lumière et l'obscurité comme s'ils s'efforçaient de dissiper celle-ci, reniflant le sol, humant l'air, trottinant rapidement le long des ruisseaux frangés de roseaux où plongeaient les racines de saules tordus. On avait découplé les chiens. Sur la forêt tout entière planait le relent aigre, inquiétant, du sanglier.

Ensuite venaient les princes, s'avançant parmi les ombres tachetées de lumière comme les âmes armées des arbres : Thésée d'Athènes, aussi lisse que du marbre, si bien que les gouttes de sang qui perlaient des éraflures que les bruyères infligeaient à ses cuisses paraissaient incongrues ; Jason aux cheveux d'or, passant comme une apparition... et puis le prince Admète, Pélée, Télamon, l'immortel Méléagre, tous vigilants, sur leurs gardes, leurs mains puissantes crispées sur les javelots... Et, à droite des princes, se faufilant adroitement entre les arbres, l'étrange et fière jeune femme qui disait être la fille du roi d'Argos.

De temps à autre, Méléagre la regardait du coin de l'œil traverser une clairière, si vive et silencieuse qu'elle semblait être une vision que l'esprit fait jaillir du néant, puis dissout en feuilles, en branches et en ombres. Il était profondément troublé. Cette fille était aussi séduisante que la divine Artémis. En fait, il y avait même des moments où Méléagre se demandait si elle n'était pas la déesse elle-même, venue chasser son propre monstrueux sanglier. Il commença à se faire du souci pour lui-même et pour l'attrait toujours croissant que lui inspirait la jeune fille. Artémis était la déesse vierge, et l'homme qui la désirerait n'aurait ni espoir ni encouragement à en attendre.

L'influence d'Artémis était très sensible dans la forêt. Le silence surnaturel qui y régnait suffisait à le prouver. Le vent lui-même ne faisait plus aucun bruit, la seule manifestation de son existence étant l'effet changeant des nuages qu'il chassait d'un bout à l'autre du ciel invisible : l'obscurité se répandait subitement à travers les frondaisons comme l'ombre d'énormes ailes. Méléagre frissonna en se rappelant les mots d'Eurytos : « Artémis est aussi la déesse de la mort violente. » A quel titre surveillait-elle les bois : comme chasseresse, comme vierge... ou dispensatrice de cette mort violente ?

De nouveau, il aperçut Atalante. Cette fois, elle avait encoché une flèche sur son arc. Il eut envie de traverser la ligne de la battue pour se placer à côté d'elle, mais il vit que Plexippos, l'oncle qui fourrait toujours son nez partout, l'épiait dans l'attente d'une incartade de ce genre. Aussi demeura-t-il à sa place, le cœur battant à grands coups et les yeux brillants de colère. Peu après, la pente du terrain commença à s'accentuer en se rapprochant d'une profonde dépression formée par la confluence de trois ruisseaux. On distinguait de vagues miroitements fangeux au milieu des roseaux et des joncs mais, au-delà, l'obscurité était complète. Çà et là, autour de la fondrière, le sol était jonché de branches cassées arrachées depuis peu aux arbres voisins, et le tronc d'un jeune chêne avait même été brisé net, comme une vulgaire brindille.

Les chiens commencèrent à pousser des petits cris plaintifs, comme les animaux ont coutume de le faire quand ils sont seuls à sentir une présence anormale dans les parages.

Les chasseurs continuèrent à avancer, mais plus lentement. Des flèches sortirent en cliquetant des carquois, des arcs bandés par des bras puissants grincèrent, et les pointes de bronze des javelots lancèrent des éclairs menaçants en se tournant vers le mur de ténèbres qui se dressait derrière les roseaux.

Ancée*, le grand Arcadien, qui était posté à l'extrême gauche, tâta du pouce le fil de sa hache à deux tranchants en maudissant la malchance qui le plaçait si loin de l'occasion de verser le premier sang. A peine avait-il avancé de deux pas que le ciel s'assombrit à nouveau. Il s'immobilisa en frissonnant. A ce moment-là, le sanglier débucha. Ancée eut tout juste le temps de lever sa hache, mais pas celui de l'abattre avant de passer en hurlant de l'état d'ardent et superbe héros à celui d'amas informe de sang et d'entrailles. Bien qu'il eût tourné la tête, il ne fit qu'entrevoir une gigantesque masse noire qui se ruait sur lui avant d'être déchiqueté et jeté de côté. Le monstre avait surgi non pas du mur d'obscurité, mais derrière son dos, de la perfide sénestre.

La déesse était dans la forêt en tant que vierge, chasseresse... et dispensatrice de mort violente. Défenses sanglantes et yeux étincelants, le sanglier déchaîné traversa la dépression en arrachant furieusement les broussailles, en déracinant de jeunes arbres et en éventrant des chiens hurlants qui éclaboussèrent le feuillage de leur sang.

La terreur s'empara des chasseurs. La vitesse de la bête était telle que chacun des jeunes princes eut, dans son affolement, l'impression que c'était sur lui qu'elle fonçait. La panique se répandit comme une traînée de poudre. Les ombres, les arbres, tout semblait être la bête. L'air était sillonné de lances, de flèches et de javelots qui se plantaient en frémissant dans les troncs des arbres ou disparaissaient comme des éclairs dans le feuillage. Un jeune homme, hurlant de douleur, gisait au pied d'un érable, perdant son sang à flots par ses genoux aux tendons sectionnés : il ne serait plus, désormais, qu'un estropié qui passerait le reste de ses jours à raconter inlassablement sa dernière aventure quand, avec Thésée, Jason, Admète et le célèbre Méléagre, il avait chassé le sanglier de Calydon.

Télamon, assoiffé de gloire, se précipita, se prit le pied dans la racine d'un saule et s'étala. Pélée le tira vivement en arrière... et le sol trembla sous les sabots du monstre ivre de fureur qui arrivait comme la foudre. Il aperçut Atalante qui, un genou à terre, lui barrait le passage, aussi sereine et aussi séduisante que sa divine maîtresse. Ses yeux brillaient, son arc était bandé. Le sanglier grogna et fit un écart. Atalante sourit...

– Sang ! Premier sang ! cria Méléagre.

Un poil noir empenné de blanc semblait avoir poussé brusquement derrière l'oreille gauche du sanglier. C'était la flèche d'Atalante.

Le monstre chancela, secoua son énorme hure en projetant une fine pluie cramoisie et gratta le sol de son sabot avant de charger. Mais, pour lui, l'aventure était terminée. Méléagre bondit et enfonça son javelot dans le gigantesque dos. Le sanglier poussa un hurlement d'agonie. Des jets de vapeur et d'écume sanguinolente jaillirent de son groin, puis il grogna et s'écroula sur le flanc. Le monstre de la déesse de la Lune était mort.

Mais il n'était pas la seule victime de la forêt. Eurytos, prince de Phtiotide, était cloué au tronc d'un chêne par un javelot qui lui avait traversé le cou. Or, cette arme était celle du funeste Pélée. Que ce fût par hasard ou par la volonté des dieux, Pélée était, pour la seconde fois, un meurtrier et, pour la seconde fois, condamné à vivre en proscrit.

Plus loin, sur la gauche de la dépression, trois ou quatre chiens reniflaient les restes d'Ancée, hier encore prince d'Arcadie et champion incontesté de la hache à deux tranchants. Or, le maniement de cette arme était le divertissement favori d'Artémis, déesse de la chasse. Apparemment, elle n'en avait pas fini avec les princes.

Méléagre, exultant, posa le pied sur le cou du sanglier mort.

– Pour Atalante ! proclama-t-il. C'est elle qui a versé le premier sang, c'est à elle que reviennent de droit les défenses et la peau. Sa flèche avait déjà blessé le monstre à mort lorsque je l'ai achevé !

Atalante s'avançait pour retirer sa flèche de la plaie fatale lorsque Plexippos l'écarta d'un geste méprisant et vint se planter, jambes écartées, poings sur les hanches et sourcils froncés, devant le chef de la chasse.

– Espèce de godelureau sentimental et arrogant, dit-il rageusement. Est-ce que tu t'imagines que ces princes et moi-même allons garder bouche cousue pendant que tu décernes le trophée de la chasse à une femme ? Est-ce que tu t'imagines que nous sommes ici dans le seul but d'accéder à tes désirs ? Ou bien tu conserves la dépouille pour toi, ou bien tu la donnes à celui qui est le plus proche de toi par le sang. Exécution, mon neveu !

Méléagre serra les dents et fit semblant de ne pas avoir entendu.

– Atalante ! appela-t-il en tendant la main à la chasseresse.

Plexippos, furieux d'être ignoré, repoussa violemment la main tendue.

– Impertinent freluquet... commença-t-il.

Méléagre, sentant les yeux ironiques d'Atalante posés sur lui, ne put en supporter davantage. Il fit face à Plexippos avec toute la hargne accumulée au cours des années.

– Impertinent vieillard ! riposta-t-il.

Il dégaina son épée. Plexippos fixa l'arme comme s'il avait deviné ce qui allait se passer avant même que Méléagre n'y eût pensé. Il essaya de lancer un avertissement, mais la réprobation qu'exprimait son visage suffit à déclencher la catastrophe.

– Assassin... assassin ! glapit le frère de Plexippos médusé de voir du sang jaillir du ventre percé de Plexippos.

Alors Méléagre se tourna vers lui et, à nouveau, plongea l'épée rougie par le sang du premier oncle dans la poitrine du second. La mort l'avait enivré, et une seconde coupe du même breuvage importait peu. L'étrange ambiance de violence qui régnait dans la forêt rendait tout dérisoire.

Jusque-là, la terrible déesse avait exigé quatre morts en contrepartie de son sanglier. Sa chasse avait été la plus fructueuse, et cependant sa présence s'attardait, refusant de s'éloigner. Il restait Méléagre lui-même, le protégé des Moires.

Pâle comme la mort, la reine de Calydon vit des messagers sortir de la forêt la tête basse et la lance inclinée en signe de deuil et remonter la pente. Méléagre serait-il mort ? Pas son fils bien-aimé ! Pourquoi n'était-il pas le premier à revenir ? Il ne pouvait pas être mort ! Les Moires avaient promis... et elle avait pieusement conservé le tison durant toutes ces années. Où qu'elle allât, fût-ce dans les régions les plus reculées du royaume, elle l'avait toujours emporté avec elle, fermant les yeux et les oreilles aux affectueuses moqueries et aux sourires apitoyés suscités par l'inquiétude irraisonnée d'une mère. Elle avait cru les Moires : tout son sentiment de sécurité avait reposé sur leur promesse.

Le visage des messagers exprimait le chagrin et la gêne, comme s'ils redoutaient d'annoncer la nouvelle dont ils étaient porteurs.

Méléagre... Méléagre ! La reine se précipita dans la chambre qu'on lui avait aménagée dans le pavillon de chasse. Elle ouvrit le coffre de chêne dont elle ne se séparait jamais, tomba à genoux et remercia les dieux : le tison était toujours là. Le serrant sur son cœur, elle regagna la cour et courut vers le portail.

Les messagers étaient maintenant auprès du roi qui les écoutait gravement. Il se retourna et, malgré la distance, elle vit qu'il regardait le pavillon d'un air sombre, comme s'il savait que la nouvelle qu'il venait d'apprendre serait encore plus douloureuse pour elle que pour lui.

Une fois de plus, la peur étreignit le cœur de la reine, et les doutes lancinants qu'elle avait éprouvés au cours des années la submergèrent. Et si son rêve n'avait été qu'un rêve et le précieux tison un vulgaire morceau de bois à demi consumé, conservé par aberration ?

Elle sentit la chaleur d'un feu que l'on avait allumé pour brûler les entrailles de la bête, si on parvenait à la tuer, et s'empressa de s'en écarter, redoutant qu'une flammèche égarée ne mît le feu au tison. De tout son cœur, de toute son âme, elle continuerait à s'accrocher à la prophétie des Moires jusqu'à ce que les Moires elles-mêmes reconnaissent qu'elle était dénuée de fondement.

Les messagers avaient quitté le roi et se dirigeaient maintenant vers elle. Redressant fièrement la tête, elle redevint la reine de Calydon.

– Le grand sanglier a été tué, noble dame.

– Que les dieux en soient loués. Qui a accompli ce haut fait ?

– Votre fils, grande reine, l'incomparable Méléagre. C'est son javelot qui...

– J'en remercie à nouveau les dieux. Il... n'est pas blessé ?

Les messagers hésitèrent puis secouèrent négativement la tête. Des larmes de joie montèrent aux yeux de la reine. De quoi pourrait-elle s'affliger, du moment que son fils était sain et sauf ?

– Alors, pourquoi ces lances baissées ? Pourquoi ces mines contrites ?

– Ce n'est pas pour votre fils, madame.

La reine fronça les sourcils. A ce moment, elle aperçut, sortant de la forêt, la magnifique Atalante puis, à quelques pas derrière elle, Méléagre. Celui-ci s'approcha du roi, son père. La reine vit que son épée était souillée de sang.

– Alors, qui... ?

Les messagers détournèrent les yeux.

– Vos frères, grande reine. Vos deux frères sont morts.

Son fils avait maintenant rejoint son père. La princesse d'Argos se tenait à ses côtés. Le roi hochait la tête... Anéantie, la reine essaya de comprendre ce qui lui arrivait. Un sentiment d'abandon lui transperçait le cœur. Ses frères bien-aimés... l'incarnation de ses rêves de jeunesse, de sa vie d'avant Calydon... ceux qui avaient partagé les grands secrets de ses bonheurs d'enfant... de tout cela, il ne restait plus rien.

– Le... le sanglier ? Ce sont ses défenses qui les ont... ?

Les messagers commencèrent à battre en retraite.

– Ils sont morts, madame.

– Tués par le monstre ?

– Tués par votre fils. Par Méléagre.

Son fils, son mari et la femme d'Argos étaient toujours ensemble. Ils regardaient la forêt dont on sortait les morts. Une douzaine d'hommes traînaient vers le bon prince l'énorme masse noire du monstrueux sanglier.

Alors le cœur de la reine se brisa. Elle poussa un grand cri de désespoir et lança dans le feu le tison si longtemps chéri. Elle n'avait plus foi en rien, ni dans les dieux ni dans les Moires. Toute sa vie, elle avait été abusée par ce vieux rêve. Ce maudit tison n'avait jamais été autre chose qu'un stupide talisman issu de son amour maternel et de son besoin de protection. Et maintenant, elle était trahie par son fils meurtrier...

Tout à coup, Méléagre se détourna de son père et de la chasseresse qui se tenait à ses côtés. Il regarda sa mère debout devant le portail et lui fit signe. La reine aperçut le reflet d'un sourire, puis une ombre traversa le visage bien-aimé du jeune homme. Elle vit son front se contracter et ses traits commencèrent à se crisper comme ils le faisaient souvent dans son enfance, quand un rêve inquiétant troublait son sommeil innocent. Dans ces cas-là, elle l'avait toujours rassuré...

– Méléagre ! sanglota-t-elle. Mon fils...

Le feu, à côté d'elle, flamboya en ronflant et le tison disparut dans de hautes flammes qui prirent l'aspect de trois vacillantes aveugles aux doigts crochus.

– MÉLÉAGRE !

Elle tomba à genoux et plongea les mains dans le feu. Celui-ci crépita et retomba en la brûlant douloureusement. L'une après l'autre, elle en retira les branches enflammées, mais le tison qu'elle cherchait s'enfonça de plus en plus profondément au cœur du brasier. Malgré la chaleur atroce qui les couvrait de cloques ses mains finirent quand même par l'atteindre. Elle le saisit. Il tomba en poussière. Depuis le temps qu'elle le tenait à l'abri, il était si sec qu'il ne demandait qu'à brûler.

Elle recula lentement, les mains crispées sur une poignée de cendre, et tourna les yeux vers son fils. Il titubait en s'étreignant la poitrine.

– Je brûle... je brûle ! l'entendit-elle crier.

Le roi voulut soutenir son fils, mais le prince s'était déjà effondré. Les Moires avaient tenu leur promesse : Méléagre était mort.

La chasse au sanglier de Calydon était terminée. Les yeux fixes, la reine brûlée en contempla les décombres comme si elle-même et les survivants silencieux n'étaient déjà plus qu'un affreux cauchemar où rien n'était réel, en dehors des dieux et des implacables Moires.

Une deuxième vie

Le pas lourd et la mine sombre, les princes quittèrent la maison endeuillée et regagnèrent leur royaume respectif pendant que des messagers aux lances inclinées vers le sol se rendaient dans les palais où nul ne reviendrait, afin d'annoncer, avec tous les ménagements possibles, les drames de Calydon et d'honorer les défunts.

Chacun des princes relata la chasse à sa manière, car la journée s'était déroulée d'une façon bien différente pour chacun d'entre eux mais, pour Pélée, aucun auditoire ne se réunit au coin du feu, aucune intendante n'informa les serviteurs de ses hauts faits. N'osant pas retourner en Phtiotide et avouer la mort d'Eurytos, il accompagna Jason à Iolcos. Jason prit le malchanceux en pitié... mais cette pitié ne l'empêcha pas de le surveiller de près.

Si Jason admirait la noblesse et les innombrables dons de Pélée, il n'en décelait pas moins la fatale fêlure qui, qu'on le veuille ou non, faisait de lui un compagnon de route sujet à caution. Il avait deviné sa malencontreuse phobie d'être surpassé car, plus que de la jalousie, c'était une crainte maladive qui s'emparait de lui à l'improviste, alors qu'il ne s'y attendait pas plus que ceux qui l'avaient provoquée. Ses séduisants sourires et sa franche gaieté n'étaient pas un masque dissimulant une âme perverse : ils faisaient partie de sa personnalité au même titre que la jalousie qui l'aveuglait inéluctablement. Aussi le sage Jason restait-il prudemment sur ses gardes en présence de l'homme qu'il avait décidé de recueillir.

De tous les héros qui quittèrent Calydon, il y en eut néanmoins un qui regagna ses pénates avec un sentiment de paix et de satisfaction total : Admète de Phérée, le plus riche et le plus chanceux de tous. Il était attendu non seulement par une ravissante épouse, mais aussi par un père et une mère aussi fiers et aussi affectionnés que l'avaient été ceux du malheureux Méléagre. Si un tison avait été capable de protéger la vie d'Admète, les mains d'un dieu elles-mêmes n'auraient pas réussi à l'arracher à la garde vigilante de ses parents. L'amour de ce vieux couple était tel qu'ils avaient abdiqué en faveur de leur magnifique rejeton et de son épouse, Alceste*. Ils étaient heureux d'être ses sujets et de finir leurs jours dans l'ombre de sa gloire. Admète n'avait encore jamais rencontré un amour plus grand que le leur. Cependant, il ne pouvait s'empêcher de penser qu'une partie de sa vie irréprochable avait été consacrée à gagner cet amour. Les charmes surnaturels d'Atalante n'étaient pas pour lui...

Qu'Admète rentrât à Phères fort satisfait de lui-même n'avait rien de surprenant. Lorsqu'il songeait à la mort de Méléagre, il ne se disait pas : « C'est grâce aux dieux que je vais là-bas », mais : « C'est grâce à ma vie rangée que j'y réside. » La mort elle-même ne devait pas l'emporter du premier coup : un dieu puissant, le grand Apollon*, lui avait promis une deuxième période de vie quand sonnerait son heure, à la seule condition qu'un autre membre de sa maisonnée acceptât de son plein gré de prendre sa place. Bien qu'il fût jeune et en pleine santé, Admète y pensait souvent. Parfois, au cœur de la nuit, si un élancement imprévu ou un frisson passager venait à l'inquiéter, il songeait aussitôt à sa vieille nourrice ou au serviteur décrépit (maintenant ravagé par l'âge et les rhumatismes) qui s'étaient occupés de lui depuis sa naissance et à la façon dont il leur demanderait de renoncer, pour leur bien-aimé Admète, aux quelques misérables jours qui leur restaient à vivre. Et, rasséréné, il souriait et se rendormait...

Son retour fut aussi chaleureux qu'il l'avait escompté : de l'amour, de l'amour partout. Des visages souriants l'accueillaient, des yeux admiratifs le contemplaient, des voix pressantes lui réclamaient inlassablement le récit de ses exploits. Un homme plus mesquin s'en serait lassé, mais Admète s'en délectait et s'épanouissait. L'amour et l'admiration étaient des mets dont il ne se rassasiait jamais, sans négliger pour autant les somptueuses agapes qu'on lui avait préparées. Une fois baigné et vêtu d'une tunique propre, il démontra à l'assemblée qu'un héros peut avoir l'estomac aussi grand que le cœur. Il mangea et but avec une telle ardeur qu'on aurait dit que, pour la seconde fois, il faisait mordre la poussière au monstrueux sanglier de Calydon, mais cette fois à coups de dents. Car il faut avouer que, dans le feu de ses récits, il avait été amené à amplifier quelque peu le rôle qu'il avait joué dans la chasse.

Finalement, il se leva de table en vacillant, soutenu par Alceste qui riait :

– Et maintenant, passons à un autre genre de chasse ! s'exclama-t-il en caressant de sa robuste main la taille de sa reine rougissante. Et à une autre bataille. La bataille de l'amour !

– Demain, mon seigneur, dit Alceste en riant. Ce soir, mieux vaut vous reposer de votre voyage... et de votre banquet !

Mais Admète était trop plein d'ardeur et de triomphe pour se laisser repousser. Étouffant les protestations d'Alceste sous des baisers aussi tendres que maladroits, il prit en titubant le chemin de sa chambre à coucher, jurant qu'Alceste et lui allaient incontinent engendrer un héros qui, à lui seul, éclipserait une pleine ville de vos Méléagre, de vos Jason et de cet assassin de Pélée. La porte claqua, le verrou de bronze coulissa dans sa gâche, et on entendit des bruits de baisers, des rires et des gloussements amoureux pendant un temps véritablement héroïque. Ils finirent néanmoins par s'éteindre et faire place à un silence meublé de ronflements.

– Admète... seigneur Admète.

Il s'éveilla. Quelqu'un avait prononcé son nom, si doucement qu'Alceste, qui gisait dans une débâcle de lin blanc et une avalanche de cheveux noirs, n'avait pas bougé.

– Admète, mon ami...

Il voulut se redresser, mais une masse pesante semblait lui écraser la poitrine en lui enfonçant des coins durs dans le corps à chacun de ses gestes.

– Roi de Phères...

Il y avait quelque chose près de la porte, une haute et trouble traînée d'argent qui ondoyait en scintillant dans les ténèbres. Par endroits, elle s'estompait et prenait une certaine rondeur, comme si quelqu'un avait commencé à esquisser un bras, une épaule, la courbe d'un visage...

– Tu ne me reconnais pas, Admète ?

Le fil d'argent mouvant ébaucha un étrange sourire en coin.

– Je suis Hermès, mon ami, le messager de la mort. Hélas ! ton heure a sonné, et je suis venu te conduire hors de ce monde. Tu dois mourir, Admète.

Ne comprenant pas ce qui lui arrivait, Admète foudroya du regard l'horrible chose qui était apparue près de la porte.

– Mon ami, ma tâche ne me plaît pas plus qu'à toi. Je te certifie que je ne viens pas ici de mon propre chef, mais nous devons tous obéir aux Moires. Viens, Admète...

Alors, Admète comprit.

– Non, non ! bredouilla-t-il en se rappelant la promesse d'une deuxième vie.

Il joignit les mains devant lui et, le visage baigné de larmes, rappela au messager que lui seul, de toute l'humanité, devait bénéficier d'une seconde chance.

– Ah, soupira Hermès, si seulement Méléagre avait eu un tel pouvoir ! Mais qui peut rivaliser avec Admète dans le domaine de l'amour ? Va, mon ami, et trouve quelqu'un qui acceptera de prendre ta place à mes côtés. Tu as une journée devant toi...

– Une heure me suffira ! affirma Admète, car il avait longuement réfléchi à cette éventualité.

– Prends tout de même la journée, conseilla Hermès. Il te faudra peut-être plus longtemps que tu ne le penses, roi de Phères.

Sa nourrice... sa vieille nourrice toute ridée qui sentait toujours bon la menthe et le linge fraîchement lavé ! Il se traîna dans le couloir jusqu'à la petite pièce où, enfant, il venait se faire consoler quand il avait fait un mauvais rêve. Aujourd'hui, le rêve était atroce et la consolation plus nécessaire que jamais. Il réveilla la vieille femme sans ménagement.

– Seigneur Admète... vous êtes un homme, maintenant. D'autres sont plus qualifiées que moi pour vous rassurer. Dame Alceste...

– Hermès est venu me chercher ! Je dois mourir !

Elle se redressa, ses cheveux rares dressés sur le crâne comme des touffes d'herbe morte et les yeux écarquillés de terreur.

– Hélas, mon Admète chéri ! Déjà ? Oh, comme les dieux sont cruels !

Elle fondit en larmes, et sa bruyante douleur fit tressauter ses épaules décharnées.

– Mais il me reste un espoir, s'exclama passionnément Admète. Si tu prends ma place, je peux encore être sauvé !

Les yeux de la vieille femme retrouvèrent leur taille habituelle. Elle observa Admète entre ses paupières.

– Ce serait un honneur pour moi, mon seigneur. Quand devrais-je partir ?

– Maintenant ! Tout de suite !

– Hélas, Admète ! Si seulement c'était l'année prochaine ! Dans un mois, je dois aller voir ma fille et ses enfants à la campagne. Je le leur ai promis. Oh, mon seigneur, si seulement c'était l'année prochaine !

– Vieille femme sans cœur ! s'écria Admète. L'année prochaine, tu seras morte de toute manière ! Où est passé tout l'amour que tu me portais ?

Il sortit de la pièce en titubant, poursuivi par les pleurs et les lamentations de la vieille nourrice.

– Hélas, trois fois hélas pour Admète ! Si jeune, si beau... l'orgueil du pays ! Pleurez pour Admète qui meurt à la fleur de l'âge !

La voix chevrotante s'éteignit dans les profondeurs du palais pendant que la quête la plus désespérée du monde faisait courir Admète de chambre en chambre. Il finit par trouver celui qu'il cherchait : un ancien jardinier, maintenant tellement voûté par l'âge que, même couché dans son lit, il avait encore l'air de bêcher le sol. Ce vieil homme avait bien souvent montré au petit prince des jolies fleurs et des herbes rares en jurant qu'Admète était la plus belle plante que la terre ait jamais portée, ce qui lui avait valu d'innombrables baisers sur les deux joues de la part de l'enfant affectueux.

Admète le réveilla doucement.

– Vieil homme... cher, excellent vieil homme ! Hermès est venu chercher ton Admète. Je dois mourir !

Le vieillard leva vers le roi des yeux qui clignotaient pitoyablement.

– A moins... à moins que tu ne prennes ma place.

– Hein ?

– Meurs pour moi.

Le vieillard secoua la tête, et ses doigts déformés fourgonnèrent dans ses oreilles.

– Acceptes-tu de mourir à ma place ? cria Admète.

– Je suis sourd, mon seigneur. Si je savais ce que vous désirez, je le ferais tout de suite, mais je suis sourd, vous comprenez.

– Alors, je vais te l'écrire.

Les yeux voilés du vieillard s'éclairèrent immédiatement.

– Je ne sais pas lire, dit-il, ne triomphant d'une infirmité que pour être aussitôt victime d'une autre, puis il reprit son expression de stupeur hébétée et de désir d'aider si seulement il savait comment.

– Vieux scélérat ! ragea le roi. Où est passé l'amour que tu avais pour moi ?

Déjà, la nuit pâlissait et les premières lueurs de l'aube se glissaient dans le palais en faisant surgir de l'ombre des colonnes, des galeries de marbre et de somptueuses tentures, mais celles-ci étaient aussi solitaires que la tombe : tous les êtres vivants semblaient s'être envolés comme fleurs dans le vent. Désespérément, Admète se traîna de pilier en pilier, son cœur brisé battant douloureusement.

– Hélas pour Admète ! Fauché dans la fleur de l'âge ! Versez toutes les larmes de votre corps pour Admète !

Les lamentations sans fin de la nourrice accablée se répercutaient dans les couloirs déserts. Une bouffée de fureur impuissante submergea le roi à la pensée de la misérable vieille se cramponnant si égoïstement aux quelques malheureuses semaines qu'il lui restait à vivre, puis sa colère fit place à un terrible abattement et il se dirigea vers une partie du palais qu'il avait jusqu'alors évitée.

Soudain, il s'immobilisa. Il avait aperçu un enfant qui traversait en sautant à cloche-pied un endroit de la galerie dont le carrelage était éclairé par les premiers rayons du soleil levant. Admète l'observa en se demandant sur quelle partie du dessin l'enfant évitait de marcher. Il se rappelait que, quand il était petit, il sautillait ainsi entre les motifs parce que cela lui aurait porté malheur d'y poser le pied. Sentant qu'on le regardait, l'enfant leva les yeux et, voyant le roi fasciné, sourit avec une innocente fierté.

« *Lui,* il mourrait pour moi ! songea Admète avec un frisson d'espoir. Il est si jeune... Que peut-il savoir de la mort ? Il acceptera pour me faire plaisir. Il ne comprendra pas ce que cela signifie pour lui... »

Néanmoins, Admète hésitait... et une servante surgit de derrière une colonne et entraîna l'enfant. Le roi comprit, à son expression suppliante et terrifiée, qu'elle avait lu dans ses pensées.

« Je pourrais demander à cette fille ! songea-t-il brusquement. Elle est sûrement prête à tout pour sauver son enfant. *Elle,* elle mourrait pour moi. Mais ce ne serait pas de son plein gré... »

– Va-t'en ! ordonna sèchement Admète, et il repartit d'un pas lourd vers le triste et honteux espoir qu'il avait toujours refoulé au plus profond de ses pensées.

« Mais, en fin de compte, réfléchit-il, ils sont terriblement âgés et leur vie a déjà duré beaucoup plus longtemps qu'ils ne pouvaient s'y attendre. Ils doivent bien souvent songer avec nostalgie au temps de leur jeunesse. Regarder l'autre subir les outrages de la vieillesse doit être affreusement déprimant. Finalement, le chagrin serait beaucoup plus pour lui que pour eux. Au fond, il ne leur demanderait pas grand-chose... »

Lorsqu'il entra dans leur chambre, ils regardaient le soleil se lever, assis côte à côte devant la fenêtre ouverte.

– Mon fils, murmura son père en se levant pour l'accueillir. Nous sommes au courant.

Il y eut un silence pendant qu'il les regardait... un silence pesant. Et puis les jérémiades de la nourrice reprirent au loin.

– Pleurez pour Admète... pleurez pour lui !

– Père, chuchota le fils condamné.

Mais il ne put en dire plus. Les mots se coinçaient dans sa gorge. Ses parents savaient sûrement dans quel but il venait les trouver. Pourquoi l'obliger à prononcer la phrase terrible ?

– Il est venu nous faire ses adieux, dit brusquement sa mère.

Elle continua à regarder par la fenêtre, mais ses doigts déformés étreignirent le bras de son fauteuil.

– Mon fils, marmonna le père d'Admète, s'il ne s'agissait que de moi, je serais heureux de mourir à ta place. Mais je dois penser à ta mère. Elle... elle ne me permettrait pas...

– Il est seulement venu nous dire adieu, répéta sa mère sans faire un geste. Nous lui avons donné la vie une fois, il ne peut pas nous la réclamer à nouveau.

– Ta mère, mon fils... Je ne peux pas l'abandonner...

– Nous lui avons donné le royaume. Que peut-il nous demander de plus ? Il est seulement venu prendre congé de nous.

Pétrifié, le fils écoutait...

– Pleurez pour Admète ! Répandez toutes les larmes de votre corps pour Admète... répéta la lugubre complainte de la nourrice.

– Tu es un héros célèbre, Admète, dit son père avec un semblant de sévérité qui lui était inhabituel. Et, comme un héros, tu pars sans te plaindre lorsqu'on t'appelle.

– Nous ne serons pas les premiers parents à perdre un fils glorieux, ajouta sa mère plus immobile que jamais.

– Il paraît que ceux qui meurent jeunes sont aimés des dieux. L'Olympe doit tendrement t'aimer, mon fils.

– Je préférerais être aimé par Phères, soupira amèrement Admète.

– Quand il était enfant, j'étais prête à mourir pour lui : il avait besoin de moi. Mais maintenant, c'est un adulte, il vit dans son monde à lui... L'amour n'est plus le même, il retourne au mari, tel qu'il était avant que l'enfant n'arrive.

– Ta mère dit vrai, Admète. Bien que nous t'aimions toujours tendrement, nous nous aimons aussi.

– Il croit que, parce que nous sommes vieux, nous répugnons au spectacle l'un de l'autre. Il s'imagine que nous n'apprécions plus la chaleur du soleil, le parfum des fleurs et le chant des oiseaux. Il pense que nous sommes déjà quasiment morts.

Admète vit la main desséchée se crisper et comprit que si elle brillait dans la lumière du matin, c'était parce qu'elle était mouillée par les larmes qui tombaient inlassablement du visage caché de sa mère.

– Adieu, Admète, mon glorieux fils...

Les dalles de marbre semblaient froides sous ses pieds nus. Il frissonna. Bientôt, un froid plus grave l'envahirait. Il regagna sa chambre pour y attendre la deuxième visite d'Hermès, le messager de la mort. Il entra sans bruit pour ne pas réveiller Alceste. La perspective de lui faire ses adieux était au-dessus de ses forces.

– Admète, mon seigneur ?

Il avait trop tardé : elle était déjà éveillée. Couchée sur le côté, elle l'observait, le visage pâle et les yeux gonflés de sommeil. Il ne sut quoi dire. De tout son cœur, il souhaita être mort depuis un millier d'années, lorsque les termes indifférents d'une légende auraient adouci tous ses chagrins et tempéré tous ses conflits.

– Viens près de moi, Admète. Je veux que tu me prennes encore une fois dans tes bras. La dernière fois, mon seigneur.

Elle savait. Admète se raidit et releva la tête. Il traversa la pièce d'un pas ferme. Accroître la détresse de son épouse n'arrangerait rien.

Au moment où il s'agenouillait pour prendre Alceste dans ses bras, quelque chose tomba bruyamment. Baissant les yeux, il constata qu'il avait renversé une coupe posée à côté du lit. Les quelques gouttes de liquide qui se répandirent furent absorbées par la peau de chèvre bigarrée qui couvrait le sol de marbre. Il redressa la coupe et, aussitôt, il s'en éleva une odeur de vétusté et de moisissure... une odeur qui évoquait les ténèbres et les rats... Admète fronça les sourcils... il blêmit... il poussa un cri. La coupe posée à côté du lit et les lèvres entrouvertes de son épouse exhalaient un relent de mort. Alceste avait bu de la ciguë.

– Pourquoi... ? commença-t-il dans un réflexe d'angoisse irréfléchi.

Mais elle leva la main, le fit taire en posant un doigt sur ses lèvres et secoua la tête.

– Mon pauvre Admète... si désorienté, si blessé par le monde. Cherchant... quémandant... mendiant... et ne trouvant personne. Hélas ! tu en demandais trop, mon chéri... Les hommes doivent d'abord aimer la vie, avant de s'aimer les uns les autres. Le monde serait un bien triste endroit, mon époux, si lorsque la lumière s'éteint pour un être, tous étaient plongés dans l'obscurité...

Ses paupières battirent. Elle soupira en emplissant la chambre de la mortelle odeur de la ciguë. Quand elle reprit la parole, sa voix n'était plus qu'un murmure et ses pensées semblaient divaguer comme si son cerveau ne les contrôlait déjà plus.

– On dit que le vieux Prométhée connaît, sur Zeus, un grand secret qui pourrait le faire libérer de son rocher de torture, mais qu'il tient sa langue et souffre en silence pour nous montrer, à nous ses petites créatures bien-aimées, que même une agonie comme la sienne peut être endurée et que la vue du monde vaut tous les sacrifices.

Le doigt d'Alceste retomba des lèvres de son époux. Il voulut lui prendre la main : elle était froide. Pendant un instant, il la crut déjà morte, mais elle lui sourit.

– Pourquoi, mon chéri, n'es-tu pas venu me trouver en premier ? Tu ne croyais pas que je serais prête à mourir pour toi, Admète ? Aurais-tu si peu... si peu foi en mon amour ?

– Alceste ! Je t'aimais trop pour te le demander ! Alceste, mon épouse... Je n'ai jamais envisagé, jamais imaginé, jamais voulu vivre sans toi !

– Tu t'y feras, mon amour... Tout le monde s'y fait... Souviens-toi de Prométhée... souviens-toi d'Alceste... Ah !

Quelque chose de sombre et d'énorme sembla envahir la chambre. Admète serra sa femme sur son cœur, mais il fut repoussé par des ombres aussi suffocantes qu'un monceau de cendre et de toiles d'araignées. Confusément, ses yeux voilés par des flots de larmes virent des bras de ténèbres extraire Alceste de la coquille empoisonnée de sa chair et l'envelopper. Et elle disparut. Hadès* en personne l'avait emportée. Admète restait désormais seul pour endurer la deuxième vie qu'on lui avait promise.

Le miracle de Phères

Un grand jeune homme brun dont les lumineux yeux gris oscillaient continuellement entre les pensées et les rêves se tenait devant le portail du palais. Il ne portait ni épée, ni poignard, ni hache à deux tranchants, mais il s'appuyait sur un gros bâton ou, plutôt, sur une massue en bois d'olivier. La poussière des grands chemins souillait ses jambes musculeuses des sandales aux genoux.

– Je suis Héraclès de Thèbes, annonça-t-il au portier.

Le portier hésita, ne sachant que faire. Ce jeune homme paraissait assurément moins redoutable qu'il ne s'était toujours imaginé le célèbre capitaine des armées thébaines. D'autre part, il ne pouvait s'empêcher de songer à la fameuse histoire des serpents étranglés et à la terrible fureur qui avait coûté la vie au malheureux Linos. Il s'écarta avec réticence.

Le jeune homme réprima un sourire devant l'embarras du portier et entra dans la cour. Le portier voulut le suivre pour lui expliquer – et le prévenir – que le moment était mal choisi, mais Héraclès montait déjà les marches conduisant au portique.

Le silence le surprit. Il avait toujours entendu décrire le palais de Phères comme un endroit animé et hospitalier... Sinon, il ne serait jamais venu.

– Je suis Héraclès de Thèbes, dit-il courtoisement à une vieille femme desséchée, nourrice ou servante, qui clopinait entre les hautes colonnes.

Tout en parlant, il souriait aimablement, toujours heureux de rencontrer des vieillards convenablement traités alors que leurs années de service étaient depuis longtemps révolues. C'était la preuve d'un cœur généreux et d'un maître digne de son rang.

– Voulez-vous me conduire au roi Admète ?

Aussitôt, une expression de peur et de culpabilité traversa le visage de la vieille femme. Elle s'apprêtait à refuser et à se sauver lorsqu'elle fut interrompue.

– Je suis Admète.

La vieille femme sursauta.

– C'est Héraclès, mon seigneur... Héraclès de Thèbes est venu vous voir, mais je... mais je ne lui ai pas dit...

Admète, qui n'avait jamais paru jeune, semblait maintenant vieilli par autre chose que par l'âge. Ses yeux étaient cernés, ses lèvres toutes craquelées.

– Tu as bien fait, dit-il à la vieille femme qui battait maintenant en retraite dans un désarroi sénile.

N'imposons pas aux autres nos soucis personnels. Le monde serait un bien triste endroit si, lorsque la lumière s'éteint pour un être, tous étaient plongés dans l'obscurité.

Héraclès hocha la tête et regretta amèrement d'être venu dans cette maison où régnaient tristesse et tourment. Cette ambiance le rendait honteux de sa propre allégresse. Il aurait aimé demander quelle épreuve s'était abattue sur Phères, mais il respecta le mutisme d'Admète.

Admète lui tendit la main et le conduisit vers la grande salle en l'interrogeant sur ses propres affaires et sur les raisons de sa présence à Phères. Héraclès sourit. Il s'était rendu à Oechalia afin de choisir une épouse et une dot pour l'un de ses fils. En dépit de son aspect juvénile, il était déjà l'heureux père de quatre garçons et, comme le voulait l'usage, il s'employait à leur trouver des royaumes et des couronnes. Son sourire s'élargit encore en imaginant ses enfants croulant sous le poids de diadèmes d'or et de perles dont la magnificence éclipserait tout, sauf leurs regards malicieux.

Puis, en marchant aux côtés d'Admète, il sentit ses préoccupations personnelles faire à nouveau place au malaise et à la curiosité. Courtisans et serviteurs paraissaient les éviter. Un homme très, très âgé, tout voûté, s'enfuit en claudiquant pitoyablement et en lançant au roi des regards lugubres et terrifiés, comme s'il s'attendait à subir un châtiment pour on ne savait quel crime.

Ils arrivèrent dans la grande salle que les rayons de soleil pénétrant par les hautes fenêtres transformaient en une cage aux barreaux de poussière d'or.

– La reine Alceste ! s'exclama Héraclès. C'est bien elle, à côté de cette colonne ?

Il tendit le bras, et Admète, au supplice, suivit son regard... sans voir autre chose que des ombres. Les serviteurs qui se trouvaient là se regardèrent avec épouvante... Héraclès fronça les sourcils.

– Que se passe-t-il, Admète ? Pourquoi tremblez-vous quand je vous montre votre épouse ? Pourquoi les serviteurs s'enfuient-ils ? Et pourquoi Alceste reste-t-elle à l'écart, les yeux fixes ? Regardez, mon ami... regardez-la...

– Elle est morte, Héraclès. Alceste s'est éteinte peu avant votre arrivée. Elle a bu de la ciguë et péri pour que je puisse vivre. C'était un accord entre les dieux et moi. Je... j'ai demandé à d'autres... à d'autres qui auraient pu mourir à ma place... Je pensais... mais aucun d'eux n'a accepté et je suis revenu auprès d'Alceste, Héraclès... Je ne lui ai rien demandé... je... je...

Admète se tut, et Héraclès devina l'immensité de sa honte et de son chagrin. Son jeune cœur saignait pour cet homme silencieux, généreux, dont le seul crime était apparemment d'avoir aimé la vie. Ses yeux s'emplirent de larmes. Il les détourna d'Admète... et aperçut à nouveau le fragile fantôme de la ravissante Alceste. Les ombres semblèrent l'entraîner comme un grand flot noir. Elle flotta, dériva entre les colonnes... Son bras tendu fut rabattu, ramené dans l'obscurité. Sa bouche béante fut recouverte avant d'avoir pu crier, et ses yeux furent promptement aveuglés par des toiles d'araignées... Elle parut voguer dans une mer de poussière...

– C'est la volonté des dieux, Héraclès, murmura Admète.

La poussière surnaturelle sembla s'écouler comme un torrent par toutes les ouvertures de la salle.

– Non ! s'écria Héraclès, soudain envahi par la fougueuse colère de la jeunesse. Ça ne se passera pas comme ça, Admète !

– De quel droit, Héraclès, combattrions-nous la mort ?

Héraclès lui lança un regard où la stupeur se mêlait à un mépris juvénile.

– De quel droit, Admète, la mort nous combattrait-elle ? Mieux vaut mourir jeune que capituler adulte ! Est-ce pour cela que le vieux Prométhée endure toutes ses souffrances ?

– Où allez-vous, Héraclès ? Où courez-vous si vite ?

Mais Héraclès avait déjà traversé les barreaux de soleil et quitté la salle. Seuls de lointains échos de sa voix atteignirent Admète, mais cette voix était indistincte et on ne pouvait que deviner ce qu'elle disait. Admète eut l'impression que le jeune homme – si arrogant de jeunesse et de force – avait répondu :

– La chercher, Admète...

Le roi accablé secoua la tête. Il était à la fois envieux et courroucé. La jeunesse n'avait aucun droit... ni aucun espoir, en dehors de son impétueuse vanité.

Une colonne d'obscurité suivait la route reliant Phères à Aornum, une haute colonne tortueuse se déplaçant à une vitesse stupéfiante. Sa forme variait continuellement. Par moments, elle semblait à peine plus grande qu'un homme, puis elle enflait et paraissait égratigner le ciel avec des griffes en lambeaux. Pourtant, son passage ne provoquait aucun déplacement d'air, aucun souffle de vent. Sur le bord de la route, les brins d'herbe et les broussailles rabougries restaient parfaitement immobiles, et pas un seul des petits cailloux qui se trouvaient sur son passage ne bougeait. Parfois, sa noirceur apparaissait striée de blanc grisâtre, comme si elle transportait quelque chose dans ses flancs ténébreux. Et puis ces traînées s'effaçaient, et il n'y avait de nouveau plus que son obscure vélocité.

La seule chose qui ne se modifiait ni ne diminuait jamais était son implacable rapidité, et le jeune homme qui s'essoufflait derrière elle avait besoin de toutes ses forces pour ne pas la perdre de vue. Ses sandales avaient depuis longtemps rendu l'âme, et les empreintes de ses pieds nus étaient rougies par le sang de dizaines de coupures infligées par le sol rocailleux.

Farouchement, Héraclès accéléra son allure. La colonne sombre grandit, et certains détails devinrent visibles. Son étrange matière, qui ressemblait à de la toile d'araignée, paraissait faite d'un grand nombre de têtes et de visages, dotés d'orbites vides et d'un trou édenté en guise de bouche, qui la gainaient d'une sorte de robe de hurlements muets. Une chevelure féminine en jaillit soudain à flots, opulente et belle, mais elle fut aussitôt ramenée sans ménagement dans la suffocante obscurité.

La haine, le dégoût, la colère et la pitié submergèrent Héraclès, qui courut encore plus vite. Le monde défila sous ses pas comme un rêve tandis que, derrière le cruel dieu de la mort, il dévorait l'impitoyable route conduisant à Aornum, où se trouvait l'une des portes des Enfers.

A l'ouest de Phères il y avait un carrefour. Sur la plus étroite des deux routes qui s'y croisaient, cheminait un homme étrangement ratatiné. Tanné par le soleil au point d'être d'un brun sale, buriné par l'âge et par le vent, retroussant sa tunique trop longue, jadis royale, pour ne pas se prendre les pieds dedans, le vieil aède fit halte et battit des paupières. Le carrefour était droit devant lui et, malgré ses mauvais yeux, il vit s'en approcher deux minuscules voyageurs venant de l'ouest. Toujours curieux, il se remit en marche, désireux de les rencontrer avant que leurs routes ne se séparent. Mais ils allaient beaucoup plus vite que lui, et c'est tout essoufflé qu'il atteignit le carrefour au moment où ils s'apprêtaient à le traverser.

L'aède fut un peu déçu. De loin, les inconnus avaient semblé avoir une taille et un éclat extraordinaires, alors que maintenant, vus de près, ils ne lui paraissaient plus tellement sensationnels. L'un d'eux était un grand jeune homme brun qui, en dehors de sa puissante carrure, n'avait rien qui pût enflammer l'imagination de l'aède. Il ne portait ni épée ni poignard, sa seule arme était une massue en bois d'olivier. Comme il n'avait pas de sandales, ses pieds étaient évidemment écorchés et sanguinolents, mais cela ne l'empêchait pas d'arborer un sourire satisfait. Il ne remarqua pas l'aède : ses pensées étaient manifestement ailleurs. Le second voyageur était une jeune femme. Contrairement au jeune homme, elle vit l'aède et un début d'hilarité élargit son sourire... Comme si le spectacle du vieux poète ridé était très drôle. En fait, elle avait l'air de trouver tout ce qui l'entourait très drôle et absolument merveilleux. Elle leva la main en signe de salut mais l'aède, vexé, se détourna. Et puis ce couple bizarre – mais dont la bizarrerie n'avait rien de surnaturel – passa devant lui et prit la route de Phères.

Pendant un bon moment, le conteur ambulant les suivit des yeux sans bouger, puis il reprit son voyage vers le sud. A ce moment-là, un bruit lointain frappa ses oreilles. Cela venait de la direction de Phères. Il s'arrêta, sa tête chauve inclinée sur le côté. Si ses yeux étaient mauvais, ses oreilles étaient encore bonnes. C'était l'écho d'une distante mais formidable clameur de joie.

Qu'avait-il bien pu se passer à Phères ? L'aède haussa les épaules et hocha la tête en faisant la grimace. Il était trop vieux et trop las pour modifier maintenant son itinéraire. Il l'apprendrait un jour ou l'autre. Quelque part, une simple servante ou une intendante le prendrait à part et lui raconterait, avec des yeux écarquillés, qui, à Phères, avait été arraché au royaume des morts. Il ricana et secoua sa vieille tête sagace... et incrédule.

Atalante

Ainsi donc... Le tison avait brûlé jusqu'au bout et Méléagre était mort : la prophétie des Moires s'était accomplie. L'aède fronça les sourcils et ses yeux larmoyants scrutèrent le ciel. La raison combattait les rêves et il maudit son esprit inquisiteur qui se refusait à accepter les mystères. Partout, il avait entendu des récits extravagants de la chasse au sanglier géant de Calydon, à Sparte, en Achaïe et même à Pylos où il avait chanté dans la maison de Nestor et reçu en paiement une paire de sandales... qui étaient d'ailleurs trop grandes et lui blessaient les pieds, si bien qu'il les portait suspendues à son cou et voyageait par mer chaque fois qu'il en avait la possibilité.

Que s'était-il réellement passé dans la forêt de Calydon ? Les crimes obscurs avaient-ils été ourdis par des hommes et non par les dieux ? Ces questions et d'autres harcelaient les pensées du vieillard. Qu'était devenue la mystérieuse chasseresse qui se prétendait la fille du roi d'Argos ? Elle le hantait, et il sentait qu'il ne saurait pas vraiment à quoi s'en tenir sur la chasse au sanglier de Calydon tant qu'il ne connaîtrait pas le destin d'Atalante.

A Leuctres, il s'embarqua sur un navire que des vents sages poussèrent sur des mers paisibles jusqu'à Lerne, en Argolide où, tout vieux qu'il était, il sentit son cœur battre plus vite à l'idée de voir une femme que certains croyaient être Artémis, la déesse de la Chasse en personne.

Prudemment, il contourna la région marécageuse située à l'est de Lerne – qui était censée abriter la redoutable Hydre – pour se rendre à Argos où il comptait raconter de vieilles histoires et en entendre de nouvelles. A vrai dire, son répertoire commençait à être usé jusqu'à la corde et, avec l'âge qui lui rouillait les doigts et lui éraillait la voix, il avait grand besoin de nouveautés pour gagner sa pitance et son gîte quotidien. Les sandales de Nestor et la tunique de Pélée elles-mêmes ne seraient pas éternelles.

La grave et farouche chasseresse était revenue de Calydon. Sa chevelure blonde flottant au vent et les sourcils froncés, elle avait traversé à grands pas la cour du palais d'Argos, escaladé les marches du porche et déposé sur un coffre de bronze ciselé, derrière les colonnes du péristyle, l'arc et le carquois d'ivoire contenant sa réserve de flèches.

L'aède les vit en passant. L'arc aux embouts d'or n'était pas encordé, et le vieillard se demanda si, même dans sa vigoureuse jeunesse, il aurait eu la force de le bander. Il restait sept flèches dans le carquois. Il en sortit une et constata que sa pointe de fer commençait à rouiller...

Bien qu'Atalante n'eût pas versé une larme, le souvenir de Méléagre obsédait son cœur et ses pensées et le chagrin l'accablaient. Elle passait des heures à sa fenêtre, à contempler le temple blanc d'Aphrodite qui se dressait sur une colline, au-delà des murs du palais. Sa courte cape gisait dans un coin de la chambre, à côté de ses sandales.

L'aède s'accroupit pour examiner les sandales, qu'il retourna entre ses mains rhumatisantes. Des petits cailloux étaient incrustés dans les semelles et l'intérieur des lanières dorées était poli par l'usage. Le vieillard les caressa du bout des doigts. La robuste intendante qui le regardait faire sourit. Bien qu'elle fût veuve depuis longtemps, cette brave femme trouvait encore le moyen de conserver une petite lueur d'amour au fond de ses grands yeux tristes...

Mais le roi d'Argos, lui, songeait à la politique, aux traités et aux alliances. S'il comprenait aussi bien qu'un autre la brève et douloureuse beauté des premières amours, il connaissait mieux que la plupart des gens les pénibles nécessités de la vie. Il lui fallait un petit-fils pour assurer sa descendance. Avec toute la fermeté dont il était capable, il exigea d'Atalante qu'elle choisisse un mari dans les plus brefs délais, convaincu que son intransigeance obligerait sa fille à renoncer au mutisme dans lequel elle s'enfermait depuis la mort de Méléagre. Son apparente sévérité n'était certainement pas due à une quelconque animosité. Il était extrêmement fier de sa fille et avait fait suspendre au-dessus de son trône les énormes défenses de sanglier qu'elle avait gagnées à Calydon. Le soir où il alla la trouver dans sa chambre, c'était avec l'intention de tempérer quelque peu sa décision.

La pièce était baignée de clair de lune. Atalante, immobile, reposait sur son lit dans sa tunique de chasseresse, les yeux pleins de lune et de colère. Son père s'approcha d'elle et s'accroupit pour lui caresser les cheveux mais, à la dernière minute, il n'osa pas lever la main.

– D'accord, chuchota-t-elle sans faire un geste, je prendrai un mari, mais seulement à condition que vous m'accordiez une faveur.

Le roi s'empressa d'acquiescer. Accorder une faveur atténuerait le sentiment de culpabilité que lui inspirait sa rigueur.

– Laissez celui qui voudra m'épouser, quel qu'il soit, commencer par me battre à la course. Mais s'il n'y parvient pas... alors laissez-moi le tuer.

Le roi sursauta. Il regarda avec stupeur sa fille dont la beauté avait pris un aspect terrifiant : comme celle d'Artémis, elle exhalait un parfum de mort violente. Atalante était plus rapide que le vent. Aucun mortel ne pouvait espérer la vaincre. Elle ferma les yeux, dissimulant à tout jamais à son père ses pensées et ses rêves...

Dans la chambre à coucher, l'aède examina le lit qui semblait avoir conservé l'empreinte d'un corps. Il se pencha tellement qu'on aurait dit qu'il voulait l'embrasser. Quand il se redressa, il tenait entre deux doigts un long cheveu d'or. L'intendante hocha la tête et il glissa timidement le cheveu dans sa besace vide...

La cour du palais était entourée d'une large piste sablée sur laquelle se disputaient parfois des courses de chars. Juste en face du portail, on avait dressé deux poteaux entre lesquels on avait tendu un fil : ce serait le départ et l'arrivée de la course. Un jeune homme d'Argos, réputé pour sa célérité et son physique avantageux, s'était laissé convaincre par ses amis de relever le défi d'Atalante. Ni lui ni eux ne croyaient sérieusement que, s'il était vaincu, la fille aux yeux graves exigerait sa terrible sanction mais, en revanche, tout le monde était persuadé que, s'il était vainqueur, le jeune homme réclamerait sa récompense.

Atalante s'approcha de la ligne de départ, équipée comme si elle partait à la chasse. Le jeune homme fut fasciné par ses longues jambes minces, entourées jusqu'aux genoux de lanières brodées d'or, puis ses yeux croisèrent ceux de la jeune fille et son cœur palpita de fierté et de désir. Atalante sourit et posa son arc et son carquois à côté des poteaux. Le brouhaha des spectateurs attentifs s'éteignit et un souffle froid passa parmi eux...

Le roi donna lui-même le signal du départ en lançant un javelot. Le jeune homme suivit attentivement l'arme des yeux et s'élança au moment où elle toucha le sol. Il courait merveilleusement bien, ses longues foulées projetant ses jambes splendides en avant pour repousser la piste derrière lui. Il se sentait plein de fougue et de légèreté, le vent dansait dans ses cheveux et il voyait défiler le long de la piste un mur de visages qui lui criaient des encouragements.

Pendant un certain temps, la jeune fille courut à côté de lui en se maintenant si exactement à sa hauteur que les deux coureurs semblaient n'en faire qu'un : leurs sandales touchaient le sol ensemble en ne soulevant qu'une seule gerbe de sable. Et puis... ce fut comme si une âme se séparait de son corps. Le double coureur se scinda. La jeune fille prit la tête et le jeune homme parut courir dans son ombre, mais cela ne dura pas et il courut bientôt seul. Il entrevit brièvement Atalante qui semblait s'envoler hors de sa portée, et puis la courbure de la piste la lui dissimula.

Il sourit douloureusement, mais n'en continua pas moins à courir, toujours encouragé par les applaudissements de ses nombreux amis. Et puis les acclamations semblèrent se transformer en un soupir de consternation. La peur s'infiltra dans son cœur. Il atteignit le dernier virage, qui débouchait sur l'arrivée.

Atalante l'attendait debout entre les deux poteaux, son arc à la main. Soigneusement, elle encocha une flèche dont le soleil fit scintiller la pointe de fer. Il la vit ramener sa main droite en arrière jusqu'à ce qu'elle frôle sa joue. Elle avait le regard grave et les yeux fixes. Le jeune homme s'imagina y déceler une lueur de pitié... mais c'était seulement de l'imagination. La flèche s'envola... Il fit encore quelques pas, et on aurait cru qu'il essayait de sourire en montrant la flèche fichée dans sa poitrine, puis ses jambes se mirent à trembler. Il parut soudain honteux, essaya de cacher son visage... et tomba mort.

Une saute de vent souleva le sable de la large piste. L'aède regarda les deux grands poteaux qui l'encadraient. Plusieurs brins de fil rompus y pendaient encore. Il retroussa sa tunique et longea la piste à pas lourds, traînant les pieds dans le sable. Il passa entre les poteaux. Les fils, s'ils avaient encore été tendus, seraient passés au-dessus de sa tête chenue. Il les regarda et toucha leurs extrémités effilochées...

– Il s'est encore présenté trois autres prétendants... murmura l'intendante.

Et le vieillard regarda la piste sur laquelle des fantômes s'avançaient vers lui à la queue-leu-leu, les bras tendus, les yeux implorants, et rencontraient à mi-course les flèches de la jeune fille aux yeux graves qui se tenait entre les poteaux.

La foule s'écarta, et on emporta le jeune mort, les yeux et la bouche pleins de sable. Les spectateurs se dispersèrent, laissant la jeune fille silencieuse contempler la piste vide dans laquelle les sillons creusés par les doigts agonisants étaient encore bien visibles.

Sentant une présence, Atalante leva les yeux. Une silhouette solitaire l'observait, celle d'un jeune homme aux yeux gris très semblables aux siens, qui la fixait avec un mélange de stupeur et de défi. Il ne disait rien et paraissait tellement figé qu'elle se demanda s'il s'agissait d'un frère ou d'un ami intime du défunt.

Le souvenir de ce garçon l'obséda. Son expression la poursuivait, et elle n'arrivait pas à le chasser de son esprit. Il apparut de nouveau après la course suivante et la regarda de la même manière. Elle en fut toute déconcertée, bien qu'elle se fût à moitié attendue à le voir.

Il vint une troisième fois et la dévisagea de nouveau. Elle essaya de soutenir son regard avec la même expression que la sienne, mais elle en fut incapable.

– Comment vous appelez-vous ? murmura-t-elle.

– Mélanion*.

Et comme, sans raison apparente, il s'était attardé sur la première syllabe, elle blêmit en croyant qu'il allait répondre « Méléagre ».

Elle regagna sa chambre, saisie d'un sombre pressentiment. De sa fenêtre, elle regarda le temple d'Aphrodite sur la colline... et elle crut voir Mélanion y pénétrer. Elle détourna les yeux... et il lui sembla le voir disparaître derrière un bouquet d'arbres. Elle leva la tête vers le ciel... et elle vit le visage grave du jeune homme tournoyer parmi les nuages, avant de le découvrir, tout fripé, dans les draps froissés de son lit... Et il n'était pas davantage absent de ses songes : c'était lui, et non elle, qui se tenait entre les deux poteaux avec un arc bandé et d'implacables yeux gris.

Elle savait qu'un jour, tôt ou tard, il la défierait à la course, et elle attendait ce moment avec un mélange d'impatience et de crainte. Et pourtant, lorsque ce jour arriva et qu'elle aperçut le jeune homme sur la ligne de départ, toutes les pensées qui l'avaient harcelée lui revinrent d'un seul coup. Elle eut l'impression que la course n'était que le prolongement de ses rêves.

Les mains tremblantes, elle posa son arc et son carquois à côté des poteaux et prit sa place.

– Pourquoi ? murmura-t-elle au jeune homme qu'elle allait détruire.

– Parce que je vous aime, Atalante.

– Je vais vous tuer.

– Peut-être.

– Réfléchissez.
– J'ai réfléchi.
– Alors, avez-vous prié, Mélanion ?
– Seulement la déesse de l'Amour.

Le javelot décrivit une parabole et se planta dans le sol. La course était commencée. Comme toujours, la jeune fille courut exactement à la même vitesse que le jeune homme, semblant prendre grand plaisir à régler son pas sur celui de son adversaire et à observer son visage crispé. Il courait en fronçant les sourcils et en serrant les poings avec une certaine gaucherie.

Elle voyait défiler d'un côté les murs du palais, de l'autre la sempiternelle assistance de spectateurs au visage avide, attendant avec impatience le commencement de la fin.

– Adieu, Mélanion, murmura-t-elle et elle prit de l'avance.

Elle l'entendit haleter en faisant des efforts frénétiques pour augmenter son allure et ne put s'empêcher de tendre l'oreille. Elle guettait un mot, mais l'immense clameur de la foule lui emplit la tête et l'assourdit.

Soudain, quelque chose scintilla devant elle. Cela sautait et rebondissait en réfléchissant la lumière du soleil avec de petites explosions d'or. Qu'est-ce que c'était ? Elle s'arrêta. C'était une pomme... une pomme en or. Fascinée, elle se pencha et la ramassa... et Mélanion la dépassa en haletant. Elle éclata de rire, serra la pomme dans un pli de sa tunique et rattrapa le jeune homme aussi facilement que s'il avait tout bonnement marché.

A nouveau, elle courut à côté de lui en observant son visage torturé par l'effort.

– Mélanion... Mélanion... chuchota-t-elle.

Elle s'attarda auprès de lui dans l'attente d'une réponse, mais les vociférations de la foule s'étaient amplifiées et les deux coureurs ressemblaient à des fantômes se hâtant silencieusement au milieu d'une tempête.

Alors Atalante se lassa de mettre le jeune homme au supplice. Leurs voies parurent se séparer comme s'ils appartenaient à deux mondes différents, chacun suivant la sienne. Et, à nouveau, quelque chose de doré sauta et rebondit sur la piste. Elle hésita, regarda vivement de côté et d'autre, puis évalua la distance qui restait à parcourir : la vie de Mélanion avait la même longueur. Elle sourit et décida de l'allonger un petit peu. Au moment où elle se baissait pour ramasser la deuxième pomme d'or, Mélanion, une fois de plus, la dépassa en titubant, les lèvres pincées et les dents serrées comme pour empêcher sa vie de s'échapper avec son souffle angoissé.

De combien de pommes d'or disposait-il encore pour la détourner de la course ? Elle le rattrapa avec une aisance qui fit gronder la foule.

– Mélanion... Mélanion... chuchota-t-elle à nouveau en lui tenant compagnie sur le chemin qui le conduisait à la mort.

Il avait le menton souillé de sang à force de se mordre les lèvres. Elle vit sa bouche s'ouvrir et freina son élan pour écouter ce qu'il avait à dire. La clameur de la foule surexcitée était devenue un véritable hurlement. Les lèvres du jeune homme remuaient, remuaient sans cesse, et elle souhaita désespérément l'entendre avant qu'il ne soit trop tard. Avec les yeux de l'esprit, elle l'imaginait courant vers elle... et elle voyait sa flèche voler à sa rencontre et lui couper la parole à tout jamais.

– C’est la dernière ! haleta-t-il. Prenez-la, Atalante !

La troisième pomme d’or s’échappa du poing découragé de Mélanion.

– C’est tout, Mélanion ? soupira Atalante. Vous n’avez rien d’autre à me dire ?

Elle regarda passer devant elle son visage, ses lèvres, ses cheveux emmêlés et ses yeux fixes... et elle ramassa la troisième pomme d’or dans l’ombre de Mélanion qui se ruait dans l’interminable courbe de la piste le long de laquelle la flèche imaginaire d’Atalante volait déjà.

Pendant un instant, elle s’attarda à observer sa titubante silhouette. Elle regarda les empreintes de ses pas épuisés serpenter dans le sable bouleversé, et puis elle entendit la foule pousser un rugissement d’excitation et elle s’élança pour la troisième et dernière fois.

Le silence tomba sur la multitude qui écarquillait les yeux, muette d’épouvante. Le visage grave d’Atalante, encadré par les flots de son étonnante chevelure d’or, était le masque implacable d’Artémis, la déesse de la mort violente.

Un souffle de vent plaqua sa tunique sur ses seins et sur le va-et-vient forcené de ses cuisses... Elle éclata de rire. La bise indiscrète et elle ne faisaient qu’un. Elle était un pur esprit, un rêve que les hommes ne pouvaient posséder que dans le sommeil et la mort.

Elle leva les yeux. Mélanion ne la précédait que d’une longueur de bras.

– Alors, pauvre Mélanion, vous n’avez plus de pommes d’or ?

– J’ai toutes les pommes des Hespérides, Atalante, cria-t-il, car dorénavant, vous êtes mienne !

Pendant qu'il répondait, une ombre tomba en travers de son dos : il était passé entre les poteaux et avait coupé le fil ! Le cœur d'Atalante tressaillit de stupeur et d'épouvante. Elle avait mal évalué la distance, elle avait perdu la course !

– Que les hommes ne pouvaient posséder que dans le sommeil et la mort, murmura l'aède.

– Que dans le sommeil... et la mort, répéta l'intendante, et la lueur d'amour de ses grands yeux tristes déferla comme une cataracte.

Elle s'enfuit en dévalant les pentes herbeuses qui descendaient vers le fleuve, puis changea brusquement de direction et remonta la colline jusqu'aux colonnes du temple d'Aphrodite. Mélanion la poursuivit en se demandant si elle comptait lui échapper en sollicitant l'asile du sanctuaire. Elle s'arrêta, se retourna pour regarder les murs lointains du palais et la fenêtre à laquelle elle s'était si souvent accoudée, puis disparut à l'intérieur du temple.

Mélanion, surexcité, la suivit et pénétra à son tour dans le mystérieux sanctuaire circulaire. De hautes colonnes blêmes l'entourèrent comme de gigantesques nymphes aveugles. La statue de la déesse trônait sur son autel, et Atalante était blottie sur ses genoux.

– Méléagre... murmura-t-elle. Viens dans mes bras, Méléagre...

– Je m'appelle Mélanion, dit-il tout bas.

Et leurs chuchotements trottinèrent autour des colonnes comme des souris.

– Méléagre... Viens dans mes bras, Mélanion...

Elle tendit les mains. Ses yeux gris luisaient dans la pénombre et des feux ambrés semblaient y couver.

– Nous sommes dans un sanctuaire... susurra Mélanion.

– Nous sommes dans un sanctuaire, répéta Atalante d'un ton moqueur, ouvrant les bras tout grands. Viens, Mélanion...

– Vous oseriez profaner l'autel, Atalante ?

– C'est seulement l'autel que tu n'oses pas profaner, Mélanion ?

– La déesse se vengera, Atalante...

– La déesse a déjà exercé sa vengeance, murmura Atalante pendant que son amant l'enlaçait dans le giron de la statue. Regarde, mon amour...

Elle ouvrit les yeux tout grands : les feux ambrés les avaient entièrement consumés. Il grogna et recula. Elle se leva rageusement et sauta à terre. Il la suivit à pas feutrés, secouant la tête de droite et de gauche. Elle poussa un étrange feulement et sortit en se glissant furtivement entre les colonnes. Il bondit derrière elle, et tous deux dévalèrent la colline. Elle courait en tête en grondant, et lui, aveuglé par une passion sauvage, geignit et rugit jusqu'à ce que leurs deux voix se répercutent à tous les échos dans l'air nocturne...

– Des lions, marmonna l'intendante. Ils avaient été changés en lions pour les punir de leur péché.

Le vieillard passa la main sur les froides colonnes du temple et ses yeux embués scrutèrent le dallage éraflé. Le sanctuaire sentait l'humidité et le moisi, l'énorme visage de pierre de la déesse l'oppressait, lui donnait des pensées morbides. Il ressortit d'un pas lourd pour contempler le vaste panorama. Embrasés par le soleil couchant, des nuages passaient lentement au-dessus de lointaines collines. Il aperçut parmi eux un couple de lions que de mouvantes écharpes de brume attelaient à un char impalpable puis, sous ses yeux, les écharpes de brume se déchirèrent, le char s'effilocha, et des lacunes se firent jour dans les lions, les transformant en cerfs, puis en chiens, puis en coureurs bondissants, courant comme en songe dans un ciel semé de pommes d'or...

Le vieil homme soupira. Il ouvrit sa besace. Il en tira le long cheveu doré, le tint un moment entre ses doigts, puis le laissa tomber et disparaître, emporté par la brise du soir...

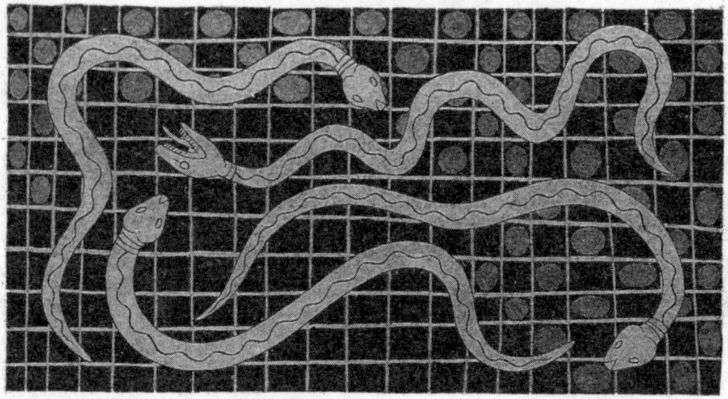

Des serpents dans la cour

La grève silencieuse, le promontoire rocheux et le bateau du pêcheur – naguère rouge vif, maintenant tout écaillé et si décoloré qu'il était à peine rosé – tracassaient le vieillard. Était-il déjà venu ici ou avait-il entendu parler d'un endroit de ce genre, dont il avait tiré une histoire ? Il secoua la tête et s'assit à l'ombre du bateau. Depuis quelque temps, il avait du mal à dissocier la mémoire de l'imagination. Loin, très loin vers le sud, à l'autre bout de l'hiver, s'élevait le palais d'Argos hanté par Atalante... pour autant qu'une femme de ce nom, en chair et en os, ait réellement existé. Pourtant, il avait touché de ses mains son arc et son carquois, tenu ses sandales. Il ouvrit sa besace, fouilla dedans et poussa un soupir : il ne restait plus rien d'elle, pas même un cheveu.

Quelle en était la véritable signification ? Des racontars de commères et son désir forcené d'un monde plus vaste et plus mystérieux qu'il ne l'était en réalité. Quel que fût l'éclat avec lequel cela brillait dans son esprit, tout tombait en poussière entre ses doigts.

Vers le nord se dressait Iolcos, où Pélée s'était enfui après avoir tué Eurytos dans la forêt de Calydon. Pélée, le plus grand de tous les héros, perverti par l'envie... Le vieillard tripota rêveusement les lambeaux de sa tunique et essaya de se représenter un jeune homme d'une stature suffisamment imposante pour remplir ce vêtement. Le soleil descendit sur l'horizon, les ombres s'allongèrent et la mer s'assombrit. A nouveau, l'impression de déjà-vu frappa le vieillard et suscita une étrange sensation d'excitation. Il sentit qu'il était sur le point de se rappeler quelque chose d'extrêmement important et lutta pour rester éveillé. Le souvenir était presque à portée de sa main. Il fronça les sourcils en regardant le promontoire, maintenant obscur et inquiétant. Il se souvenait... il se souvenait...

– Qui sera mon amant ?

La mer murmura, les touffes de myrte qui dissimulaient une fente des rochers frissonnèrent et semblèrent s'écarter. Le crépuscule était plein de formes impalpables qui tournoyaient sans bruit autour de la tête du vieillard endormi. Ses lèvres remuèrent, son visage se plissa du million de rides qui lui tenaient lieu de sourire.

– Thétis ! marmonna-t-il tandis que tout lui revenait à l'esprit. Thétis, la divinité marine... Des sandales d'argent en forme de fougères...

– Mon amant... mon amant... chuchota la voix au-dessus de la tête assoupie de l'aède.

Un regard glissa sur lui sans lui accorder plus d'importance qu'à un galet. La mer se souleva, ondula, et des vagues vinrent lécher le rivage en soupirant.

– Thétis, mon amour...

– Qui est là ?

– Poséidon, le maître de la mer.

– Comment m'aimerez-vous ?

– Avec des tempêtes et des accalmies. Avec des vagues, des tourbillons et des cyclones...

– Me donnerez-vous un fils, Poséidon ?

Les souvenirs submergèrent le vieil homme couché dans l'ombre du bateau du pêcheur et il marmonna de nouveau dans son sommeil :

– Le fils de Thétis surpassera son père...

– Un fils, Poséidon. Me donnerez-vous un fils ?

Mais les vagues se retirèrent, la mer s'apaisa et recula. Poséidon était un dieu jaloux.

L'ombre s'étendit sur l'aède endormi, puis les myrtes s'écartèrent à nouveau. D'autres yeux contemplèrent l'étrange scène, des yeux lointains, pleins de douleur et de glace mais non dépourvus de tendresse. Ils observèrent la petite silhouette rabougrie qui ronflait à côté du bateau abandonné pendant que des événements aux conséquences incalculables se déroulaient au-dessus de sa tête. Prométhée, démêlant les fils de son rêve de liberté, s'émerveilla des petits incidents qui se juxtaposaient pour composer un tableau trop vaste pour être intelligible. « Qui faisait agir, qui ? » se demanda le Titan.

Le vieillard remua, se gratta et se retourna comme s'il cherchait à s'enfouir dans le sable pour fuir un songe troublant.

– Qui sera mon amant ?

Dans le ciel, Zeus s'agita nerveusement. Prométhée cessa de penser à l'humanité pour scruter le ciel... et observer les myrtes immobiles sur la côte thessalonienne.

– Le fils de Thétis surpassera son père, marmonna le vieillard, mais le sable étouffa ses paroles.

Soudain, quelque chose bougea. Dérangé par les marmottements et les trémoussements du vieillard, un serpent tacheté au corps trapu sortit de son trou et rampa sur le cou du dormeur.

– Héraclès a une ennemie puissante ! s'écria l'aède en se redressant brusquement mais sans se réveiller.

Le contact du serpent avait chassé son rêve en le remplaçant par un autre. Il empoigna le reptile venimeux et lui tordit le cou.

– Héra envoie des serpents le détruire !

Le jeune homme à la grosse massue en bois d'olivier et aux lumineux yeux gris semblait danser plus que marcher lorsqu'il quitta Phères pour regagner son palais de Thèbes. Le monde était un endroit merveilleux, le soleil brillait et le jeune homme vagabondait, couchant à la belle étoile – car il n'aimait pas que quelque chose s'interpose entre les cieux et lui – et mangeant simplement, sinon humblement, dans quelque masure où le fumet de la viande rôtie l'avait incité à se détourner de son chemin. Il appréciait particulièrement la compagnie des enfants et s'attardait volontiers dans des villages assoupis pour apprendre à des gamins ébaubis à se servir d'un arc et d'une flèche, mais il faut avouer que c'était plus pour le plaisir de leur faire admirer ses propres performances que pour les initier à l'art de la guerre.

– Vous direz que c'est Héraclès qui vous a appris à tirer ! leur disait-il gaiement en cherchant à échapper aux petites mains avides et aux supplications flatteuses qui voulaient le retenir.

– Quoi ? Le célèbre Héraclès ?

– Vous êtes vraiment Héraclès ?

– Héraclès de Thèbes.

– Et vous êtes aussi fort qu'on le dit ?

Le jeune homme feignait d'hésiter, puis il soulevait un gamin en faisant semblant de fléchir sous ce léger fardeau et, avec un cri de triomphe, il le lançait tellement haut que l'enfant devait voir la terre tourner avant de retomber, éberlué et ravi, dans les bras accueillants d'Héraclès qui le reposait délicatement sur ses pieds, riait et criait :

– Ça suffit ! J'ai quatre garçons à la maison qui attendent d'être lancés en l'air !

Il lui arrivait parfois de traverser un village où un fier-à-bras local mettait un point d'honneur à défier les paisibles voyageurs en combat singulier et à leur faire mordre la poussière. Ces fanfarons tout en muscles, au cou gros comme un tronc d'arbre, fascinaient et inquiétaient à la fois le jeune homme. Il déclinait leur proposition avec un sourire modeste, prétendait être pressé ou trouvait n'importe quel prétexte pour l'éviter : il ne connaissait pas la lutte... il serait certainement battu... jamais il n'oserait s'attaquer à un homme aussi fort et aussi habile. Mais ces petits matamores de campagne insistaient d'autant plus que le jeune homme semblait les y inciter... et se retrouvaient mystérieusement par terre, étendus de tout leur long aux pieds du jeune homme qui les regardait innocemment. S'ils tentaient de se relever, il les repoussait du pied en souriant et les consolait en leur disant :

– Vous direz que c'est Héraclès qui vous a terrassé. Il n'y a pas de honte à être vaincu par Héraclès de Thèbes : il s'est battu contre le dieu de la Mort... et il a gagné !

Le souvenir de sa victoire sur la route d'Aornum n'était jamais bien loin des pensées d'Héraclès. Il avait accompli ce qu'aucun mortel n'avait jamais fait avant lui : il avait arraché une femme à la suffocante étreinte de la mort et l'avait rendue au monde des vivants.

Cette pensée l'emplissait toujours de stupéfaction, d'orgueil et de bonheur. Ses oreilles tintaient encore de la formidable clameur de joie qui avait salué son retour au palais de Phères, tenant Alceste par la main.

– Seigneur Admète, avait-il commencé.

Il avait préparé un beau discours, pompeux et solennel, mais ses yeux s'étaient remplis de larmes, réduisant son éloquence à un simple :

– Voici votre épouse.

– Héraclès de Thèbes, murmurait-il en souriant à son reflet dans l'eau des ruisseaux où il se baignait, tu es vraiment un héros fantastique.

Après quoi il regardait timidement autour de lui pour s'assurer que personne ne l'avait entendu, car il admirait la modestie et s'efforçait en toute circonstance de s'y conformer. Mais, dans le fond de son cœur, il trouvait difficile de ne pas être immensément fier de ce qu'il avait accompli.

Il lui semblait particulièrement pénible d'être modeste quand il songeait à son cousin, le roi de Mycènes. Ils étaient du même âge à moins d'une journée près. Eurysthée de Mycènes, parce qu'il avait l'avantage de cette malencontreuse journée, était le chef de la famille de Pélée et, à ce titre, Héraclès lui devait allégeance. Cet Eurysthée était mesquin, méprisable, indigne à tout point de vue, sauf celui de la naissance, et cependant Héraclès était obligé de s'incliner devant lui et de l'appeler « seigneur ». Bien qu'Héraclès fît de son mieux pour dissimuler ses sentiments, Eurysthée se rendait compte que son puissant cousin le détestait et prenait un malin plaisir à observer les efforts exténuants d'Héraclès pour paraître respectueux.

– Si seulement cela avait pu être toi, Eurysthée, qui étais dans les bras de la mort, soupira Héraclès dans un moment d'abattement.

Puis il sourit tristement. Tout costaud qu'il était, il ne l'était pas assez pour porter le fardeau de la haine jusqu'aux portes de la tombe. Il lui aurait fallu pour cela une dureté de cœur qui lui faisait défaut. Il comprit qu'il aurait lutté pour sauver son cousin avec autant d'acharnement qu'il avait lutté pour sauver Alceste.

Songer à Alceste lui remonta le moral et il poursuivit son voyage jusqu'à Thèbes d'un cœur léger, puisant un réconfort, lorsqu'il en éprouvait le besoin, dans la pensée de ses quatre turbulents rejetons qui, un jour, seraient rois et pourraient se glorifier d'un meilleur père que les dociles enfants de Mycènes.

Son cœur battit à tout rompre en imaginant son retour à Thèbes. Il croyait déjà voir les yeux de ses enfants briller et leur bouche s'ouvrir toute grande quand il leur raconterait ses aventures à l'heure du coucher, provoquant ainsi une explosion de joie qui ne retentirait jamais chez Eurysthée. Au moins, rien ne l'obligeait à être modeste avec ses fils bien-aimés !

Le ciel était limpide et le soleil radieux lorsqu'il franchit le portail du palais de Thèbes. Il posa un doigt sur ses lèvres pour imposer le silence aux gardes qui s'apprêtaient à lui souhaiter la bienvenue à grand renfort de cris de joie et de cliquetis de ferraille. Il voulait surprendre ses enfants... apparaître brusquement à leurs yeux avec une majesté quasi divine.

Ils devaient être dans la cour, derrière le palais, où il leur avait aménagé un petit terrain de manœuvre pour jouer aux soldats et commander ceux des jeunes de la maisonnée qui acceptaient encore de recevoir des ordres de capitaines hauts comme trois pommes.

Héraclès longea sans bruit le péristyle. Il entendait déjà crier des commandements, d'ailleurs aussitôt contestés, sinon catégoriquement contredits, glapis à pleins poumons par des voix juvéniles. Il sourit et pressa le pas.

Brusquement, il s'immobilisa. Il venait de recevoir quelques gouttes de pluie tiède. Il leva les yeux : le ciel était toujours aussi bleu. Des souvenirs confus, inquiétants, l'assaillirent. De nouvelles gouttes de pluie lui brouillèrent la vue. Momentanément aveuglé, il ne distingua plus que de minuscules serpents d'argent qui tombaient du ciel. Il s'essuya les yeux et repartit.

Le bruit des voix s'était tu et le silence total qui l'avait remplacé semblait étrangement menaçant. Que s'était-il passé ? La peur étreignit le cœur du père, dont la main se crispa sur sa massue. Il se précipita à l'endroit où les enfants jouaient et où il avait entendu un sifflement semblable à celui que produit le feu en attaquant du bois mouillé. Il crut d'abord que ce bruit était dans sa tête, mais il s'amplifia et devint plus distinct.

Il atteignit la petite cour... et poussa un cri de terreur et de dégoût. Un nœud de serpents tachetés, au corps lourd, se tordait dans la poussière estivale. Comme pour l'accueillir, des têtes venimeuses se dressèrent au-dessus du dangereux grouillement et se balancèrent devant lui en dardant de petites langues noires...

La terreur fit place à la colère et à la haine. Il bondit, leva sa massue et l'abattit sur les reptiles enchevêtrés qui se dispersèrent avec des sifflements de douleur. Alors il les saisit un par un par le bout de leur queue frétillante et frappa leur tête écailleuse sur le sol... encore et encore, jusqu'à ce qu'ils cessent de se tortiller. Finalement, la cour fut jonchée de cadavres broyés. Il y en avait huit.

Comme dans un rêve, Héraclès partit chercher du bois pour faire du feu et brûler les reptiles morts. Il croisa deux serviteurs qui ouvrirent des yeux ronds et s'enfuirent. Sans rencontrer personne d'autre, il ramassa quelques bûches et les rapporta en courant. Il avait hâte de se débarrasser des dépouilles venimeuses.

Lorsqu'il pénétra pour la seconde fois dans la cour, les serpents avaient disparu. A leur place gisaient huit enfants morts. Quatre d'entre eux étaient les fils d'Héraclès, les autres avaient été leurs compagnons de jeux. Leurs corps étaient en bouillie, comme si un forcené s'était acharné sur eux.

Héraclès laissa tomber le bois qu'il portait. Il regarda ses mains : elles étaient rouges de sang. Alors il leva les yeux vers le ciel et hurla. Le forcené, c'était lui.

Une chasse au lion

Le palais de Thèbes était obscur. Toutes ses fenêtres étaient closes et les portes ballottaient sur leurs gonds au gré des vents. Les serviteurs étaient partis et, avec eux, la maîtresse de maison, les yeux exorbités d'horreur et de désespoir. De temps en temps, une bouffée d'air gémissait dans une cheminée, remuant les cendres froides qui se soulevaient comme un fantôme, puis elles retombaient et tout était à nouveau silencieux. Parfois, un bruit de pas – des pas lourds, traînants – parcourait les pièces enténébrées, bientôt interrompu par des sanglots déchirants entrecoupés de mots qui auraient pu s'adresser à des enfants.

Ces bruits, qui se prolongèrent durant cinq nuits et cinq jours, semblaient exprimer la tristesse sans espoir d'un spectre. Et ce spectre finit par sortir du palais. Le dos rond, les yeux creux, les joues et la poitrine lacérées de sauvages balafres faites par des couteaux ou des ongles, Héraclès quitta Thèbes. Il marchait les yeux rivés au sol, n'osant regarder aucun être vivant... et aucun être vivant n'osait le regarder.

Il prit la route qu'il avait suivie si peu de temps auparavant, mais en voyageant cette fois d'une manière bien différente. Il contournait les villages pour ne pas voir les enfants, les mains plaquées sur les oreilles pour ne pas les entendre, car leurs voix et leurs rires étaient autant de flèches qui lui transperçaient le cœur. Il se baignait la nuit, quand l'obscurité lui dissimulait le reflet du forcené, parce qu'il avait peur que son visage n'ait pas changé, qu'il soit toujours aussi doux, aussi gentil que celui de n'importe quel père...

Une fois, il faillit se pendre à la branche tortueuse d'un saule, mais la crainte de rencontrer les fantômes de ses enfants assassinés le fit renoncer au soulagement du suicide. Il comprit que, pour retrouver paisiblement ceux qu'il avait tués, il devrait se présenter devant eux avec une offrande expiatoire composée de tellement de souffrances que dix existences ne suffiraient pas à les amasser.

Aussi marchait-il inlassablement, sans autre but, apparemment, que d'épuiser son esprit égaré. Cependant, au plus profond de lui-même, quelque chose refusait de se laisser étouffer et le conduisait au seul endroit du monde où même lui pourrait trouver une aide.

Il arriva de bon matin dans un site escarpé, paisible, flanqué de deux montagnes boisées. Au milieu des arbres touffus qui le dominaient s'élevait un sanctuaire, tel un nid à colonnes pour dieux ailés. Il avait atteint Delphes et devant lui se dressait le temple d'Apollon.

Héraclès s'accroupit dans l'herbe rase. Il resta immobile pendant des heures, à essayer de trouver le courage de pénétrer dans le temple et d'implorer des dieux une sanction suffisamment sévère pour contrebalancer l'horreur de son crime. A ce moment-là, son angoisse avait perdu un peu de son acuité et sombré dans une douleur sourde, pesante, que l'inconfort de sa position semblait atténuer.

Petit à petit, il commença à s'intéresser à un espace de terre sur lequel un peuple d'insectes s'affairait, transportant de minuscules fardeaux de poussière pour édifier des remparts, des palais et des temples dans un pays grand comme le creux de sa main. Il finit par se demander s'ils voyaient son énorme visage et si ses yeux gris étaient pour eux des ciels d'où deux soleils noirs les contemplaient. Était-ce pour eux un événement sensationnel, une chose dont on se souviendrait pendant plusieurs générations ? Peut-être étaient-ils déjà en train de le supplier de leur pardonner leurs péchés d'insectes ? « Grand-Visage, que devons-nous faire pour expier ? Faut-il capturer une énorme abeille féroce et te l'offrir ? Faut-il t'élever un temple aussi haut que le plus grand des brins d'herbe ? »

Héraclès finit par se lever. Il était prêt à pénétrer dans le temple et à apprendre son châtiment. Cela se passa comme dans un rêve. Il vit à peine la prêtresse qui l'accueillit en tant que fils de Zeus. Il soupira : pour les avantages que lui avait valus la semence divine ! Peut-être même était-ce le conflit entre ses éléments divins et mortels qui l'avait rendu fou ?

– Que dois-je faire ?

– Quitte Thèbes, Héraclès. Rends-toi à Mycènes et va te prosterner devant Eurysthée. Fais tout ce qu'il te commandera.

Héraclès s'inclina. Autrefois, un tel ordre l'aurait empli de colère et de honte, il lui aurait semblé être la fin du monde, mais maintenant, il lui paraissait dérisoire en comparaison de sa faute.

La prêtresse reprit la parole :

– Il t'imposera douze travaux, Héraclès. Il faudra les accepter.

– Comment un homme comme Eurysthée pourrait-il concevoir des travaux susceptibles de m'absoudre de mon crime ? Qu'est-ce qu'un esprit comme le sien peut connaître du mien ?

Mais cette question-là resta sans réponse, et Héraclès quitta le temple d'Apollon aussi mélancolique qu'il y était entré. Il dirigea ses pas vers Mycènes et le premier de ses grands travaux.

Le roi de Mycènes était un homme de goût. La moue de ses lèvres et le discret mais continuel mouvement de sa bouche donnaient l'impression qu'il était toujours en train de goûter quelque chose et n'avait pas encore réussi à déterminer si c'était finalement bon ou mauvais. Son épouse elle-même n'échappait pas à cette attitude critique. Aussi arborait-elle en permanence un sourire pincé laissant entendre que ses propres goûts étaient encore plus raffinés que ceux de son mari.

– Ainsi, Héraclès, les dieux m'ont choisi pour fixer ton châtiment.

Du haut de son trône, Eurysthée toisa le jeune homme dont les dieux lui avaient confié le destin.

Épuisé par le voyage et accablé par le chagrin, Héraclès soutint le regard de son cousin, puis baissa les yeux.

– Vous devez m'imposer douze travaux, seigneur Eurysthée.

La bouche du roi mâchonna méditativement. Il savourait le plaisir de sa situation, tandis que la reine, à ses côtés, partageait son sourire pincé entre le sol de bronze, les riches tentures, les serviteurs affairés et ses mains bien soignées.

– Il ne faut pas qu'il soit en rapport avec des enfants, dit la reine qui tenait par-dessus tout à montrer qu'elle pensait à des choses qui auraient pu échapper à son mari.

Les yeux d'Héraclès s'emplirent de larmes, et la reine hocha la tête avec satisfaction : elle avait versé le premier sang.

– Tu es vigoureux, Héraclès, déclara Eurysthée d'un air bien informé, réfléchi, et nous devons faire bon usage de ta force, hein ? De plus, tu as une certaine expérience de ce que nous appellerons, faute d'une expression mieux appropriée, le meurtre. Eh bien, j'aimerais que tu commettes un meurtre pour moi, Héraclès. Mais pas celui d'un enfant ou d'un professeur. Nous savons déjà que cela t'est trop facile, pas vrai ?

Eurysthée fit une pause. Il observa le jeune homme avec une curiosité attentive, comme s'il examinait avec intérêt l'effet de la douleur sur un spécimen d'insecte rare.

– Oui, j'aimerais que tu tues le grand lion de Némée, Héraclès. (Il sourit.) Ainsi, un être nuisible débarrassera le monde d'un autre être nuisible, pas vrai ? Et peu importe lequel massacrera l'autre !

– N'oublions pas la peau, intervint la reine. Qu'il dépèce le lion et qu'il rapporte la peau. Sinon, comment pourrions-nous savoir de quel sang ses mains sont souillées ?

Le roi de Mycènes se tourna vers son épouse et, pour une fois, il y avait une nuance d'admiration dans son regard.

– Adieu, Héraclès. Que les dieux t'accompagnent... car tu as sûrement besoin d'être surveillé, pas vrai ?

Banni de Thèbes, Héraclès habitait maintenant Tirynthe, une obscure cité située au sud de Mycènes. C'est là qu'il se rendit pour mettre ses affaires en ordre avant de se lancer dans une aventure dont il ne reviendrait peut-être pas. Puis, armé de l'épée et des flèches que lui avait données sa mère, Alcmène, et qui passaient pour avoir été façonnées par les dieux, il se mit en route pour les montagnes de Némée.

Ces montagnes n'étaient qu'à deux petites journées de marche vers le nord, mais Héraclès trouva moyen de meubler ce court trajet de la totalité des pensées, méditations et adieux qui séparent le ciel des enfers. Chaque arbre, chaque ruisseau, chaque pâtre endormi éveillait en lui mille souvenirs, les uns de son existence passée, les autres de ses mystérieuses origines et de sa miraculeuse enfance. Il se rappelait Amphitryon, le mari de sa mère, qui passait pour n'être pas son père et était allé se faire tuer sur quelque champ de bataille. Amphitryon l'obsédait, avec ses regards mi-admirateurs mi-rancuniers... Puis, tandis que le paysage devenait montagneux, ses réflexions s'orientèrent de plus en plus vers ce qui l'attendait.

Le lion de Némée. Un tel fauve avait-il une existence réelle, ou n'était-il qu'un fantasme dans l'esprit de quelques humains ? Une figure de rhétorique, en quelque sorte, désignant une chose trop monstrueuse pour se manifester ailleurs que dans les cauchemars ? Passant pour être née de l'accouplement d'une déesse et d'un géant, la chose avait été baptisée « lion » à cause de sa force et de sa sauvagerie, mais là s'arrêtait la similitude avec une créature terrestre. Sa peau avait la réputation de résister à toutes les armes ; son haleine, d'être aussi méphitique que celle de l'hydre de Lerne. Les histoires du lion étaient aussi vieilles qu'Héraclès : il se rappelait une nourrice aux yeux anxieux et à la voix chevrotante essayant de le faire coucher en le menaçant du lion de Némée.

– Une bête énorme, insaisissable, avec des yeux aussi rouges que le sang et une gueule pleine de poignards en guise de crocs ! La nuit, elle s'introduit dans les maisons par les portes et les fenêtres pour dévorer les petits enfants qui ne sont pas dans leur lit !

– Ce lion... tu l'as vu ?

– Non ! Grâce au ciel !

– Alors... qui... ?

– J'ai connu un homme dont le frère avait été dévoré. Il n'en restait rien, sauf ses yeux... Et ces yeux regardaient fixement, d'un trou d'eau dans les rochers. Horrible...

– Parce qu'il n'était pas couché ?

La nourrice avait hoché la tête et, en s'élevant de plus en plus haut dans la rocheuse Némée, Héraclès commençait à se demander si on ne l'avait pas envoyé occire une vue de l'esprit et rapporter sa peau. A la fin du second jour, il déboucha sur un plateau et s'arrêta, aveuglé par les rayons du soleil couchant. Même en abritant ses yeux, il distinguait à peine les lointains remparts de Némée, mais il estima que, en marchant vite, il atteindrait la ville avant la nuit. Il se remit en route mais ne tarda pas à se rendre compte qu'il avait sous-estimé la distance. La ville était encore à une heure de là lorsque l'obscurité envahit le ciel et engloutit tous les repères.

– La nuit, il s'introduit dans les maisons par les portes et les fenêtres pour dévorer les petits enfants qui ne sont pas dans leur lit.

Les mots de sa vieille nounou résonnèrent à ses oreilles, et il se demanda à nouveau s'il était à la recherche d'un mythe qu'il ne pourrait jamais tuer... et qui ne pourrait jamais le tuer.

– Où es-tu ? murmura-t-il.

Et la brise nocturne soupira, elle secoua d'invisibles broussailles en poussant des gémissements qu'un homme effrayé aurait pu prendre pour des rugissements. Des reflets en forme de lion vacillèrent dans les flaques d'eau sans jamais bondir sur lui, et le bruit de ses pas sembla le suivre à la trace sans jamais le rattraper. Petit à petit, une terrible sensation de vide envahit son esprit. S'il n'y avait pas de lion, il n'y avait pas d'expiation, et sans expiation, son âme ne connaîtrait jamais la paix. Tristement, il arpenta la solitude désolée jusqu'au moment où il aperçut enfin une petite lueur au milieu d'un bouquet d'arbres. Il pressa le pas et découvrit qu'elle provenait d'une chaumière croulante dont tous les interstices laissaient filtrer la lumière. Il frappa aussitôt à la porte et, après un assez long silence, une voix retentit à l'intérieur :

– Molorchos* est là. Qui le demande ?

– Un étranger, répondit Héraclès. Me donnerez-vous asile ?

– Alors, vous me cherchiez ?

– Non, j'ai aperçu votre lumière. Je suis étranger...

– Mais vous me connaissez ? Vous connaissez mon nom : Molorchos ?

– Je ne suis pas d'ici. Je viens de loin...

– ... Pour voir Molorchos !

La porte s'ouvrit, et un petit homme trapu commença par regarder le torse d'Héraclès avant de remonter jusqu'à ses tristes yeux gris.

– Je n'ai rien d'autre à vous offrir que des galettes d'orge, déclara Molorchos d'un ton d'excuse. Comme vous devez le savoir, ma femme m'a quitté et je vis seul.

Héraclès regarda autour de lui, et l'espoir fit battre son cœur. Si la chaumière était propre, elle était loin d'être en ordre. Un peu partout traînaient des œuvres inachevées, morceaux de bois à demi sculptés, pierres à demi gravées, innombrables pots et vases partiellement peints et abandonnés. Toutes représentaient un lion incomplet, un lion fantôme dépourvu de pattes, ou d'yeux, ou de queue. Molorchos avait trouvé un passe-temps pour occuper sa solitude.

– Ainsi, le lion de Némée existe bien, murmura Héraclès.

Ses yeux parcoururent les tristes lions jaillis du cerveau de Molorchos. Tout imparfaits qu'ils étaient, ils semblaient être des empreintes fantomatiques laissées par le grand fauve dans l'ambiance de la chaumière. D'une façon ou d'une autre, la créature avait frôlé cet homme et marqué sa vie de son sceau.

– Ce que je n'arrive pas à rendre, expliqua Molorchos qui était un vrai moulin à paroles, c'est sa férocité.

Comme chez tous les gens qui vivent seuls, ses pensées et jusqu'à son âme coulaient à flots pour accueillir la moindre occasion de compagnie. Il bondissait de table en table, soulevait une sculpture après l'autre et indiquait en quoi chacune d'elles avait manqué son but. Il semblait presque fier d'avoir échoué, comme si ses échecs flattaient son goût.

– Ainsi, vous avez vu le lion ? dit Héraclès pendant que Molorchos reprenait son souffle.

– Non, pas moi. Le voir, c'est mourir, monsieur. Personne ne peut voir le lion et survivre, vous savez.

– Alors, tous ces...

Héraclès désigna les monstres immobiles.

– Mon contact personnel, vous comprenez ? Vous savez évidemment... vous avez dû entendre dire que mon fils a été tué par le lion ? (Molorchos leva vers Héraclès des yeux où clignotait la timide et mélancolique fierté des affligés.) On en a beaucoup parlé. Ce jour-là, j'étais malade, alors c'est mon fils qui a sorti le troupeau. Et le lion de Némée l'a tué. Pour une raison connue d'eux seuls, les dieux voulaient m'épargner. Beaucoup de gens sont venus me présenter leurs condoléances, même des notables de la ville. Ma femme a fait des galettes d'orge, et ils ont bu du vin ici même, dans cette chaumière. Ce fut un grand jour...

En écoutant ce bavardage avec une lassitude courtoise, Héraclès commença à voir un reflet de lui-même dans ce petit homme tellement imprégné de chagrin et de remords que rien n'existait plus pour lui en dehors de sa tragédie personnelle. Espérant endiguer son verbiage, Héraclès révéla à Molorchos qui il était. Molorchos hocha la tête : on lui avait parlé d'Héraclès... il se rappelait avoir entendu un vieil aède raconter quelque chose au sujet de Zeus et d'Alcmène... ainsi qu'une histoire de serpents étranglés dans un berceau. Mais, à part cela, il n'était au courant de rien, et Héraclès se rendit tristement compte que Molorchos n'était pas particulièrement intéressé.

– Je suis venu à Némée pour tuer votre lion, Molorchos.

Le flot fut aussitôt endigué. Molorchos s'arrêta pile au milieu d'un mot. Il commença par dévisager Héraclès avec incrédulité, puis un ressentiment pathétique contracta les coins de sa bouche. Cet étranger, ce fameux Héraclès, était venu détruire ce qui tenait le plus de place dans la vie de Molorchos.

– Impossible, chuchota-t-il. Personne ne peut le tuer. Sa peau est à l'épreuve de toutes les armes, monsieur. C'est une certitude, vous savez. C'est vous qui serez tué. N'y allez pas, Héraclès, je vous en prie...

– Je n'ai pas le choix, Molorchos, répondit doucement Héraclès en s'efforçant de réconforter le berger parce que cet homme qui ne s'était jamais évadé de sa tragédie lui inspirait encore plus de pitié que lui-même. C'est la volonté des dieux.

– Des dieux ? s'écria Molorchos en s'épanouissant. Alors, ce sont sûrement les dieux qui vous ont envoyé chez moi ! Mais oui, je comprends, maintenant : vous, moi et le terrible lion ! C'est un grand jour, monsieur, un très grand jour. Mais vous serez tué, vous savez. Alors que, une fois de plus, Molorchos sera épargné pour pouvoir raconter au monde ce qui s'est passé et veiller à ce que personne ne l'oublie.

– Je partirai à l'aube, Molorchos. Si, au bout de trente jours, je ne suis pas revenu, priez Hadès* pour le repos de mon âme, car c'est chez lui qu'elle sera. Mais si je reviens, alors vous et moi prierons Zeus ensemble, Molorchos...

Les jours semblaient longs à Molorchos. Chacun d'eux paraissait en durer quatre ou cinq. Au bout d'une semaine, il avait l'impression qu'un mois s'était écoulé et que le fantôme d'Héraclès devait commencer à se languir faute de prières. Non sans stupeur, Molorchos se surprit à se demander s'il souhaitait réellement le retour d'Héraclès. Il s'empressa de refouler cette question au fin fond de son esprit mais ne put s'empêcher de compter les jours avec une impatience coupable. La confusion régnait dans ses pensées. Aussi, pour se calmer, entreprit-il de sculpter un lion aussi féroce, aussi horrible et aussi gigantesque que seul un homme terrifié pouvait le concevoir.

A Héraclès aussi, les jours paraissaient longs. Les montagnes de Némée étaient escarpées, torrides sous le soleil... et froides comme la mort sous la lune. Deux fois seulement, durant toute sa traque, Héraclès aperçut une créature vivante. Il vit une chèvre qui sautait au loin sur les rochers et ce qui ressemblait à une panthère au poil hirsute traversant d'un bond un espace découvert.

Il n'essaya pas de les tuer ni l'une ni l'autre : il n'avait pas faim, et ces bêtes ne le menaçaient nullement. Mais, les jours succédant aux jours, il regretta sa magnanimité. Sa réserve de vivres s'amenuisait et ses yeux, éblouis par le soleil incessant, lui jouaient des tours, ce qui risquait d'affecter la précision de son tir. Aussi s'astreignit-il à lancer ses flèches sur des arbres ou des buissons en transperçant une feuille déterminée ou même en sectionnant une brindille, et retourna-t-il à maintes et maintes reprises aux endroits où il avait aperçu la chèvre et la bête qui ressemblait à une panthère hirsute. Il ne revit jamais la première, mais la seconde se manifesta en deux occasions. La première fois, c'était à la tombée du jour, et il n'osa pas risquer une flèche de peur de rater son coup tout en effarouchant la bête, ce qui l'aurait fait renoncer à son lieu de passage habituel. Mais la seconde fois, elle apparut au petit matin, en pleine lumière. Elle traversait à pas feutrés le même terrain découvert, en contrebas d'Héraclès, en portant dans sa gueule quelque chose qui perdait son sang, mais elle était trop loin pour qu'il puisse distinguer la proie qu'elle avait tuée et emportait maintenant dans son antre.

Prudemment, Héraclès se faufila entre les rochers jusqu'à un endroit où ils formaient une sorte de parapet coupé d'étroites embrasures. Là, il s'adossa à la roche tiède en encochant une flèche et en bandant son arc jusqu'à ce qu'il grince entre ses doigts crispés, et il attendit, l'œil rivé, le long du fût de la flèche, sur le point où sa tête de bronze croisait le parcours de la bête. Celle-ci traversa assez lentement l'étroit champ de vision déterminé par l'embrasure, en secouant la tête comme pour faire tomber le sang du cadavre flasque qu'elle portait dans la gueule.

Soigneusement, posément, Héraclès observa le mouvement des épaules de la bête au poil hirsute et visa le point vital situé entre elles en le suivant avec la pointe de sa flèche. Il attendit que la bête s'arrête, ce qu'elle faisait fréquemment pour affermir sa prise sur son encombrant gibier.

Comme à dessein, la bête fit halte juste au-dessous de lui. Aussitôt, la corde de l'arc se détendit en tintant et la flèche s'élança, les plumes de son empennage tournoyant comme un oiseau de mort. Elle toucha la bête exactement entre les deux épaules, et puis son fût se rompit et sa pointe de bronze tomba sur le sol sans causer le moindre dégât.

La bête releva lentement son mufle et regarda les rochers. De grands yeux d'or croisèrent ceux d'Héraclès qui découvrit, encadrée par une crinière hirsute, une tête très vieille et d'une déconcertante tristesse, comme si le fait de porter la mort ne procurait aucune satisfaction. Et puis elle se pencha à nouveau pour ramasser la vache adulte qu'elle transportait comme si c'était un veau nouveau-né.

Une fois de plus, les perspectives dénudées de Némée avaient abusé Héraclès en lui faisant sous-évaluer les dimensions et les distances. La bête qui se trouvait au-dessous de lui avait une taille colossale. C'était le lion de Némée.

Une formidable surexcitation saisit le jeune homme à la vue du premier de ses grands travaux. La peur, la surprise et un extraordinaire soulagement se disputèrent son cœur. « Personne ne peut le voir et survivre. » Mais combien l'avaient vu, comme lui-même, sans savoir ce qu'ils voyaient, et continué à vivre en imaginant quelque chose d'infiniment pire ? Il y avait là un profond mystère et, curieusement, Héraclès se rappela ce que le devin aveugle Tirésias lui avait raconté, bien longtemps auparavant, sur un aède qui cherchait les dieux comme si toute la création était un jeu de cache-cache. Combien de dieux, de héros et de prodiges cet éternel errant avait-il croisés sans s'en rendre compte ?

Mais, entre-temps, l'énorme lion s'était remis en marche, secouant toujours la tête comme s'il était troublé par de sombres pensées. Sans bruit, Héraclès se débarrassa de son épée et de ses flèches façonnées par les dieux et quitta l'abri des rochers. A grands pas rapides, il suivit le monstre avec, pour seules armes, celles avec lesquelles il était venu au monde : ses mains nues. Car la peau de fer du lion de Némée résistait à toutes les autres.

D'une monstruosité impensable, incroyable, le lion ouvrait une gueule hérissée de poignards en guise de dents. Si jamais il s'était avisé de fermer la bouche, il se serait sûrement lacéré le museau mais il était aussi immobile que la pierre, étant la dernière œuvre de Molorchos.

Le berger avait travaillé avec acharnement pour que les jours s'écoulent plus vite, et son cœur en avait déjà dénombré plus de cent, alors que le soleil achevait à peine le vingt-neuvième. Ce nouveau lion – le premier qu'il eût jamais terminé – servirait de monument funéraire. Des gens – des personnes de qualité, cette fois – viendraient s'incliner devant lui et partager des galettes d'orge avec Molorchos parce qu'il était le dernier à avoir vu Héraclès vivant...

A cette idée, il retourna admirer son dernier lion et le contempla avec une telle fierté qu'il n'entendit pas la porte s'ouvrir derrière son dos.

– Non, Molorchos, sa férocité ne ressemblait pas à cela.

Héraclès était revenu. Molorchos se mit à trembler, puis il redressa les épaules et se prépara à subir le triomphe du grand jeune homme mais, lorsqu'il se retourna, son irritation fondit comme neige au soleil. Le jeune homme tendait les bras comme un suppliant. Molorchos remarqua que, à la place de l'un des doigts de sa main gauche, s'épanouissait une fleur de sang séché. C'était le prix que lui avait coûté le lion de Némée.

– Le lion est mort. Je l'ai suivi dans son antre et je l'ai étranglé. Viens, Molorchos, nous allons prier Zeus. Il faut le remercier de... d'être en vie sur la terre.

Il prit Molorchos par la main et, ensemble, ils sortirent de la chaumière dans la nuit silencieuse où ils s'agenouillèrent côte à côte et prièrent les étoiles vigilantes.

– J'ai fait des galettes d'orge toutes fraîches, murmura Molorchos lorsqu'ils se relevèrent. Viendrez-vous les rompre avec moi, Héraclès ? C'est vraiment un grand jour, monsieur...

Héraclès resta avec Molorchos jusqu'au matin, puis il quitta les montagnes hostiles, parfois traînant derrière lui, parfois portant sur les épaules la dépouille du monstrueux lion de Némée.

Pendant un moment, Molorchos le suivit des yeux, peinant sous son fardeau sur la route de Mycènes, puis il soupira, verrouilla la porte de sa chaumière et partit à son tour avec son lion de pierre, pour faire connaître au monde l'histoire d'Héraclès et du grand jour où, côte à côte, ils avaient prié Zeus et rompu ensemble des galettes d'orge.

Le plus dangereux de tous les serpents

Pour la première fois depuis sa crise de folie et le meurtre de ses enfants, Héraclès souriait. Ce n'était pas un sourire épanoui, ni même gai. C'était un rictus que lui avait arraché Eurysthée, le roi de Mycènes, en s'enfermant à double tour à la seule vue du lion mort et en donnant frénétiquement des ordres pour que, dorénavant, les trophées des travaux d'Héraclès soient exposés à l'extérieur des murs du palais. La nouvelle de ce sourire parvint aux oreilles d'Eurysthée et accrut son aversion pour Héraclès. En tout cas, elle ne le fit pas renoncer à certains aménagements en cours dans le palais : on construisait sous terre, avec d'épaisses plaques de bronze, une pièce circulaire, ressemblant à une grosse marmite, dans laquelle il avait l'intention de s'enfermer chaque fois qu'on lui annoncerait le retour de son cousin détesté. Malheureusement pour lui, Eurysthée éprouvait une profonde répulsion – allant presque jusqu'à la terreur – pour la vue du sang. Cette faiblesse, qu'il se plaisait à considérer comme une conséquence de son extrême raffinement, conférait à sa reine un avantage marqué sur lui, qui se traduisait par un sourire encore plus pincé que d'habitude. C'est pourquoi Eurysthée, avec des sourires sur sa droite et des sourires sur sa gauche, avait hâte de s'enterrer dans sa marmite et de défier le monde à l'abri de ses murs de bronze.

– Avons-nous décidé quel serait le second des grands travaux, mon seigneur ?

La reine de Mycènes se pencha sur le refuge en cours de construction. Eurysthée leva les yeux et son regard croisa celui de son épouse. Il souleva les deux mains de part et d'autre de sa tête et les fit onduler. La reine acquiesça et son sourire s'élargit.

– Bien sûr ! Exactement ce que je pensais. J'envoie un messager lui annoncer ce qu'il a à faire.

Une foule assez nombreuse s'était amassée devant le portail du palais où Héraclès avait étendu de tout son long le cadavre du lion de Némée et se demandait comment il allait s'y prendre pour le dépecer, étant donné que la peau de la bête, même morte, défiait toutes les lames. Chacun donnait son avis, et Héraclès était tout particulièrement harcelé par un garçon d'une douzaine d'années, appelé Iolas*, à qui l'on avait offert, pour son anniversaire, un couteau absolument splendide. Iolas était convaincu que rien ne pouvait résister à son couteau, qu'il avait affûté à un point stupéfiant : dans sa maison, bien des meubles pouvaient effectivement témoigner de l'excellence de son tranchant. Il n'arrêtait pas de le tendre à Héraclès, allant jusqu'à utiliser les railleries et les sarcasmes pour inciter le héros à l'essayer.

– Rentre chez toi, mon enfant, soupira Héraclès.

– Je ne suis pas un enfant. Aucun enfant ne possède un couteau comme le mien, prince Héraclès.

– Je suis d'accord. C'est un couteau magnifique. Maintenant, rentre chez toi.

– Essayez-le.

– Non.

– Alors, laissez-moi...

Héraclès haussa les épaules.

– Si je te laisse faire, tu me ficheras la paix et tu rentreras chez toi ?

Cette victoire plongea Iolas dans le ravissement. Avoir transpercé le lion de Némée accroîtrait considérablement la valeur de son couteau, et avoir aidé Héraclès accroîtrait encore plus son propre prestige. Tous ses camarades en resteraient bouche bée et l'envieraient. Il s'avança, et le soleil fit scintiller son cadeau d'anniversaire.

– Commence par la gorge, conseilla Héraclès en se demandant fugitivement ce qu'il dirait si jamais le garçon réussissait.

Iolas s'agenouilla et, avec un sourire triomphant et admiratif à Héraclès, il plongea son magnifique couteau dans le cou du monstre mort.

– Peu importe, murmura Héraclès à la fois embarrassé et soulagé par la consternation qui envahit le visage d'Iolas lorsque le merveilleux couteau se brisa net au ras du manche. Je t'en donnerai un autre. Ah non, tu ne vas pas pleurer. Tu m'as affirmé que tu n'étais plus un enfant, Iolas...

– Je ne pleure pas, bredouilla Iolas. Je... je me suis fait mal au genou.
– Montre-moi.
– Ce n'est rien...
– Eh bien, montre-moi ce rien.
Iolas se leva. Son genou saignait, profondément entaillé par l'une des griffes du monstre mort, sur laquelle il l'avait posé.
– Je t'avais dit de rentrer chez toi, bougonna Héraclès qui se sentait un peu responsable de la blessure de l'enfant.
Soudain, ses yeux brillèrent. Il se pencha et arracha l'une des énormes griffes du lion, avec laquelle il fendit l'indestructible peau sans la moindre difficulté.
– Sans moi, murmura Iolas qui regardait son couteau cassé en perdant tristement son sang, vous n'auriez jamais eu cette idée-là, prince Héraclès.
Héraclès s'apprêtait à riposter lorsque la foule s'écarta pour laisser passer un messager du palais. Celui-ci devait être aussi délicat que son maître, car les effluves qui s'échappaient du lion éventré lui firent pincer les narines d'un air dégoûté, et il détourna les yeux du spectacle des entrailles.
– Prince Héraclès ?
– Je suis Héraclès.
– Le roi a décidé...
– Pas la reine ?
– Elle aussi... La reine aussi, Héraclès.
– Deux cerveaux, mais une seule pensée ? C'est aussi bien. Une pensée est amplement suffisante pour deux cerveaux comme ceux-là.
Le messager pinça les lèvres pendant que la foule s'esclaffait, et le jeune Iolas lui-même croisa les bras

et fronça les sourcils d'un air de défi par affinité avec son héros.

– Peut-être sera-t-elle également suffisante pour vous, prince Héraclès. Le second travail qui vous est imposé est... l'extermination de l'hydre de Lerne.

Les rires se turent. Un grand soupir s'éleva de la foule, qui fut prise de tremblements et commença à battre en retraite. Il avait suffi que le messager prononce le nom du monstre pour que d'obscures terreurs étreignent tous les cœurs et que l'immonde puanteur de celui-ci semble envahir la place du marché. Cette créature démoniaque vivait dans un marécage proche de Lerne, d'où elle ne sortait que la nuit pour barrer les routes d'une grande ombre noire dont aucun passant ne ressortait jamais. Même le jeune Iolas s'écarta instinctivement de l'homme dont la tâche était de partir à la recherche de l'hydre et de l'extirper de son marais. Il imaginait déjà Héraclès hurlant de douleur dans les anneaux de l'hydre... et ne parvenait pas, en dépit de ses efforts, à chasser cette image de son esprit, sur lequel elle exerçait une horrible fascination...

Seul Héraclès paraissait impassible. Il continua à dépecer le lion sans lever la tête, pour ne pas donner au messager la futile satisfaction d'apercevoir un visage devenu aussi pâle que la mort.

– L'hydre, répéta le messager. Le monstre à neuf têtes du marais. Tuez-la, Héraclès. Tuez-la, tuez-la !

Sa voix s'éleva jusqu'à un glapissement hystérique, puis il rougit et se retira précipitamment...

Le clair de lune baignait la place du marché de Mycènes, transformant le tas des entrailles du lion éventré en un précieux monticule d'argent qui semblait avoir été soigneusement mis de côté après l'équarrissage. Héraclès se redressa. Quelqu'un l'observait.

– Qui est là ?

Une silhouette se détacha de l'ombre d'une échoppe vide. C'était Iolas, le genou entouré d'un énorme pansement.

– Qu'est-ce que tu veux encore, petit ?

Iolas parut surpris, comme s'il n'avait pas prévu cette question.

– Qu'allez-vous faire de la peau du lion, prince Héraclès ?

– Je ne sais pas...

– Je peux la prendre ?

– Non.

– Sans moi, elle serait encore pleine de lion.

– Et sans moi, Iolas, elle aurait pu être un jour ou l'autre pleine de toi.

– Bon, d'accord, vous la gardez.

– Merci infiniment.

– Portez-la, prince Héraclès. Drapez-en vos épaules comme d'un manteau, avec la tête pour casque.

– C'est ce que tu ferais, Iolas ?

– Bien sûr.

– Si je la porte, tu feras quelque chose pour moi ?

– J'en serai fier, prince Héraclès.

– Rentre chez toi.

– Impossible.

– Pourquoi ?

– Parce que je pars avec vous pour Lerne. Combattre l'hydre.

Héraclès regarda l'enfant avec ahurissement, mais Iolas était sincère et rien de ce que put lui dire

Héraclès n'ébranla sa détermination. Il avait annoncé à ses parents qu'il serait le compagnon du prince Héraclès ; il l'avait annoncé à tous ses amis ; il l'avait annoncé, apparemment, à la moitié de Mycènes. Faire marche arrière maintenant était impensable. Il serait obligé de se pendre pour ne pas être déshonoré. D'ailleurs, il avait déjà aidé Héraclès une fois et il aurait certainement l'occasion de se rendre utile à nouveau. Héraclès se rendait sûrement compte de la pertinence de cet argument.

Tout cela sortit de la bouche d'Iolas avec beaucoup d'éloquence et de sérieux. Rien ne semblait le décourager, et quand son héros ramassa la peau du lion et quitta la place du marché, il lui emboîta le pas en poursuivant son exposé.

– Comme vous êtes plus grand que moi, prince Héraclès, vous pouvez évidemment marcher beaucoup plus vite. Mais je vous suivrai, même si vous me laissez loin derrière vous. Et si des bandits m'attaquent et me tuent ? Pensez à cela, prince Héraclès. Les gens diront que vous m'avez laissé assassiner, et personne n'aura très bonne opinion de vous. De plus, j'ai toujours un mauvais genou, blessé, pourrait-on dire, en vous aidant. Je pense que cela fera encore plus mauvais effet. Mais si c'est ce que vous souhaitez, partez en avant, prince Héraclès, et je me traînerai en arrière jusqu'à ce que les loups me dévorent...

Héraclès s'arrêta et attendit que le garçon le rattrape. Il fronçait les sourcils mais, en même temps, il ne pouvait pas s'empêcher d'éprouver une certaine affection pour lui. Iolas clopina jusqu'à se trouver tout juste hors de portée de la main de son héros.

– Iolas, de toutes les épreuves que le roi Eurysthée pourra m'imposer, c'est toi la plus pénible à supporter.

Iolas ne parut pas le moins du monde offensé. Il accepta le fait d'être une calamité comme si cela ne lui apprenait rien.

– Pourquoi tenez-vous tant à vous débarrasser de moi, prince Héraclès ? Vous avez peur que la folie s'empare à nouveau de vous ? Vous redoutez de me massacrer comme on dit que vous avez massacré vos propres enfants ? Oui, je suis au courant, mais cela ne m'effraie nullement. Il n'y a donc pas de raison que cela vous tracasse. Et si ce sont mes parents qui vous inquiètent – car tout le monde prétend que vous êtes très pointilleux sur ce sujet –, alors je vous donne ma parole d'honneur – et je le jurerai sur le fleuve Styx* si vous le désirez – que la dernière chose que mon père et ma mère m'ont dite, c'est que quoi qu'il puisse m'arriver, ce sera par la volonté des dieux et par ma faute. Surtout par ma faute. Sans aucune responsabilité de votre part...

Héraclès, partagé entre l'envie de sourire et celle de pleurer, regardait fixement Iolas. Son cœur cognait dans sa poitrine comme s'il allait se briser. Il était terrifié par cet enfant qui osait parler de son crime hideux, répugnant, aussi innocemment que s'il s'agissait d'un lien qui les rapprochait et non de l'abîme qui séparait Héraclès du reste de l'humanité. Ses yeux se voilèrent de larmes qui multiplièrent Iolas en une foule de jeunes garçons se tenant juste hors de sa portée.

Iolas, pour une fois silencieux, observait Héraclès avec espoir et un soupçon d'embarras. Visiblement, l'enfant se demandait quels arguments supplémentaires il pourrait présenter à l'appui de sa cause. Lorsqu'il ouvrit la bouche pour déverser un nouveau torrent d'éloquence, Héraclès endigua celui-ci en levant la main, sourit et s'enveloppa dans la peau du lion en signe de reconnaissance implicite de la victoire d'Iolas.

Bien que, en son for intérieur, il se sentît ridicule, il n'en fut pas moins profondément ému par l'admiration et la joie que refléta le visage d'Iolas. Pour Héraclès, il était important d'être le héros du garçon, de paraître grand à des yeux que n'avaient pas encore obscurcis les cataractes mondaines de la jalousie, de la défaite et de la malveillance...

Ensemble, ils quittèrent Mycènes et prirent la route du sud au clair de lune. Étrange couple, en vérité, que celui formé par ce colosse vêtu d'une peau de lion que certains jeux de lumière et d'ombre faisaient apparaître comme le lion lui-même, dressé sur ses pattes de derrière pour complaire à l'enfant claudiquant dont l'énorme pansement ne cessait de se dérouler jusqu'à ce qu'il le perdît définitivement et, avec lui, sa claudication.

Ils se reposèrent pendant les dernières heures de la nuit sur la rive nord du fleuve Inachos puis, après le lever du soleil, ils le traversèrent à gué et continuèrent à cheminer vers le sud en direction de Lerne.

Entre Argos et Tyrinthe, ils traversèrent un village où les enfants les dévisagèrent avec épouvante... jusqu'à ce que les plus hardis s'élancent d'un bon pour tirer la queue du lion. Ce qui irrita Iolas et agaça Héraclès, qui reprocha à Iolas de l'avoir mis dans cette situation grotesque en insistant pour qu'il porte la peau. Mais Iolas parut tellement accablé par cette semonce qu'Héraclès se laissa attendrir et lui offrit de porter sa massue. Écarlate de fierté, Iolas reçut le gourdin en bois d'olivier comme s'il s'agissait du sceptre du monde et il repartit en portant l'énorme arme sur l'épaule.

– Prince Héraclès...

– Oui, Iolas ?

– Je ne voudrais pas que vous pensiez que je ne suis pas immensément flatté de transporter votre massue... qui, après tout, est connue partout. Seulement...

– Seulement quoi ?

– Je ne voudrais pas que vous pensiez que je ne suis pas suffisamment fort. Je vous en prie, n'allez pas imaginer une chose pareille. C'est le temps, prince Héraclès. Il est tellement chaud, tellement lourd...

Héraclès s'arrêta et leva les yeux : le ciel de midi était limpide, lumineux. Il regarda Iolas avec curiosité et le débarrassa de son fardeau.

– Tu veux porter mes flèches, Iolas ?

– Celles qui ont été fabriquées par les dieux ?

– A ce qu'il paraît, Iolas.

Iolas s'épanouit, suspendit le carquois en travers de son dos et suivit Héraclès d'un pas ferme. Mais voilà que le carquois, lui aussi, s'alourdit bientôt mystérieusement, comme s'il avait entrepris de creuser un trou dans l'épaule du garçon qui se traîna tristement derrière la vigoureuse silhouette dont l'ombre, fort réduite sous le soleil au zénith, paraissait sautiller en lui mordillant les talons comme le fantôme du lion poursuivant sa dansante dépouille.

– Si seulement il pouvait l'attraper et le retenir ! soupira Iolas qui hésitait à se plaindre une deuxième fois et espérait qu'Héraclès finirait par s'apercevoir tout seul de sa détresse.

La route avait commencé à descendre vers de larges vallées où abondaient les platanes, en bosquets, en taillis et en petits bois ressemblant curieusement à de vieilles villes vertes dont les multiples colonnes auraient contracté une maladie qui couvrait les pierres de taches et de plaques...

La contrée était étrangement verdoyante, en raison de l'humidité permanente entretenue par des cours d'eau invisibles qui serpentaient sous la surface du sol comme un réseau de veines argentées, coupé çà et là de sources alimentant des puits et de mystérieux ruisseaux qui couraient dans l'herbe épaisse comme s'ils cherchaient quelque chose...

Héraclès ne ralentissant jamais son allure, la distance qui le séparait de son malheureux porteur de flèches augmentait. De temps en temps, Iolas était obligé de courir, lourdement et péniblement, pour ne pas perdre Héraclès de vue. Dans ces cas-là, Héraclès s'arrêtait et observait le garçon avec un drôle de regard.

Iolas commença à se sentir mal à l'aise, et il ne put s'empêcher de se demander quel genre de regard avaient les yeux gris d'Héraclès lorsqu'il avait contemplé ses fils pour la dernière fois... Il s'aperçut qu'il était incapable de chasser cette pensée de son esprit. Son pas se ralentit encore, et il y eut des moments où Héraclès était hors de vue, escamoté par un repli de terrain ou par un bouquet d'arbres. Une fois, Héraclès l'attendit embusqué dans un creux dont il suffit en rugissant férocement, le visage dissimulé par la tête du lion. Ce fut si inattendu qu'Iolas poussa un hurlement de terreur, et Héraclès eut beau s'excuser en riant et s'engager formellement à ne jamais recommencer, la figure de l'enfant resta désespérément pâle.

– Reposons-nous un moment, proposa Héraclès.

Ils s'assirent, mais le sol était désagréablement spongieux et il flottait dans l'air une odeur douceâtre, écœurante, qui donna la migraine à Iolas. Ses prodigieuses facultés de conversation semblaient l'avoir déserté, à moins qu'elles ne fussent orientées vers l'intérieur pour discuter avec lui-même du bien-fondé ou de l'inanité de mille craintes fumeuses.

Héraclès se releva et tendit la main à Iolas. Celui-ci la prit, mais ne put réprimer un léger frisson. Ils repartirent lentement, côte à côte, et Héraclès questionna Iolas sur sa maison, ses projets d'avenir et ses biens les plus précieux. Iolas répondant d'un ton maussade, avec réticence. Héraclès se mit alors à parler de sa propre enfance, du vaste palais de Thèbes et des serpents étranglés, ce qui l'amena insensiblement à son combat contre le dieu de la Mort, sur la route d'Aornum, et à la délivrance d'Alceste. Il avait toujours souhaité en parler et, quand il se rappela ce qui l'en avait empêché jusque-là, ses yeux s'assombrirent, ses lèvres se serrèrent, et un profond sillon se creusa dans son front. Iolas l'observa comme s'il essayait de pénétrer le sens de cette nouvelle expression.

Ni l'un ni l'autre ne parla de l'hydre et, cependant, ils ne devaient pas être loin de son repaire. Le sentier qu'ils suivaient, dépourvu d'herbe, aurait pu être tracé par le passage de la bête : sa sécrétion visqueuse contenait un venin qui détruisait tout ce qu'elle touchait. Si cette abomination était présente dans leurs pensées, elle y restait tapie aussi silencieusement que dans le marécage de Lerne.

Ils finirent par arriver devant une grossière cabane en bois, bâtie sur des pilotis enfoncés dans le sol instable.

– On entre, Iolas ?

L'enfant baissa les yeux. Une inexplicable sensation de découragement et de honte l'étreignit, et il bredouilla quelque chose d'incompréhensible.

– Dans ce cas, j'irai seul, dit Héraclès. Parce que nous avons besoin d'une torche. Il fera nuit quand nous arriverons au marais.

Iolas l'attendit en ruminant de sombres pensées. Il se débarrassa du carquois et en sortit une flèche qu'il examina en songeant aux archers et autres héros légendaires. Il se rappelait un soir, il y avait bien longtemps de cela, où on lui avait permis de veiller tard parce qu'un vieil aède chauve était venu demander l'hospitalité à son père en échange d'une histoire au coin du feu.

– Écoute bien, Iolas, lui avait dit son père, et apprends combien le monde était splendide au temps passé.

Le vieil homme avait évoqué d'une voix chevrotante des dieux et des héros, Méléagre, Atalante et le farouche Pélée. Il les avait portés aux nues, alors que ces gens-là, en fin de compte, n'avaient été que des tueurs particulièrement sanguinaires et brutaux.

Maintenant, il détestait l'aède à cause de ses mensonges, et il se détestait lui-même à cause de son fanatisme puéril pour le plus abominable des meurtriers : Héraclès, le tueur d'enfants. Il caressa la pointe de bronze de la flèche. Avec cela, il pourrait rendre service au monde en le débarrassant d'Héraclès...

– Porte ça, Iolas, je prendrai le carquois.

Héraclès se tenait devant lui, une torche allumée à la main. Iolas la prit et, allez savoir pourquoi, l'odeur de la poix enflammée sembla dissiper la plus grande partie de ses craintes.

Le soleil couchant était maintenant embusqué derrière un rideau d'arbres entre lesquels il tirait ses dernières flèches de lumière, mais cette ultime volée ne dura guère. Le ciel s'assombrit, des ombres comblèrent les intervalles entre les troncs, et il ne resta plus que la torche d'Iolas pour s'opposer à l'envahissement de la nuit.

Il la portait aussi haut que le permettait la végétation de plus en plus dense mais, en dépit de ses précautions, il n'arrêtait pas de heurter des branches et faisait pleuvoir des gouttelettes de poix enflammée qui s'éteignaient en sifflant au contact du sol humide. Ces brusques explosions de lumière augmentaient fugitivement la visibilité et montraient que le paysage s'était profondément modifié. Les platanes avaient fait place à de blêmes saules pleureurs agrippés à la boue. Des touffes de joncs et de roseaux surgissaient de l'ombre pour disparaître aussitôt dans l'obscurité, sauf aux endroits où leurs pointes avaient été enflammées par quelque goutte de poix égarée qui les consumait en piquetant la nuit de boutons d'or. Le sol, sous les pieds, était devenu spongieux et collait aux sandales, tandis que l'odeur douceâtre qui flottait dans l'air depuis le milieu de l'après-midi avait sensiblement augmenté et était maintenant suffocante.

Au bout de quelque temps, un phénomène bizarre, inquiétant, se produisit : à mesure que la torche s'enfonçait plus profondément dans ce milieu dégradé, ils voyaient apparaître, parfois devant eux, parfois sur le côté, de vagues reflets – ou des échos – de sa lumière. Il arrivait même qu'ils soient accompagnés d'images floues d'Héraclès et d'Iolas, telles des ombres impalpables. Cet étrange mirage semblait être provoqué par la couche de brume qui flottait au-dessus de certaines langues de terre et réfléchissait la lueur mouvante mais, comme cette brume était translucide, l'explication ne paraissait pas concluante.

Continuer à progresser devenait périlleux. Les endroits où la terre était ferme se faisaient plus rares et, soudain, ils disparurent complètement. Héraclès et Iolas s'arrêtèrent. Devant eux, une vaste étendue de boue – un lac – ondulait doucement. Sur sa surface lisse, à peine visible dans la brume étouffante, se dressaient deux silhouettes, l'une très grande, l'autre plus petite, brandissant une torche allumée. L'éloignement et le silence rendaient cette vision saisissante. En plusieurs endroits, autour de ces apparitions fantomatiques, de grosses bulles montaient lentement du fond et venaient crever à la surface en répandant la lourde odeur douceâtre qui caractérisait toute la région.

– Du feu, chuchota Héraclès. Donne-moi du feu.

La pesante solitude des lieux étouffait si bien tous les bruits que, aussi discret qu'il fût, ce chuchotement fit l'effet d'une intrusion brutale. Iolas lui colla la torche sous le nez, dangereusement près de ses yeux, et il aperçut le visage du garçon à travers un rideau de feu. Il se détourna et plongea une tête de flèche dans les flammes jusqu'à ce que la poix enrobât la pointe de bronze et que la flèche se transformât en brandon. Elle s'envola alors au-dessus du marais embrumé, à la rencontre de son reflet qu'elle traversa avant de disparaître avec un bref sifflement. Trois autres flèches enflammées suivirent le même chemin en décrivant des paraboles au-dessus de la vase silencieuse, et leurs multiples reflets, striant la surface et jaillissant des ténèbres, transformèrent la nuit en un flamboyant réseau de traits de feu. Et puis tout s'éteignit d'un coup, les traits de feu, le reflet de la torche et les silhouettes fantomatiques. C'était comme si les flèches d'Héraclès avaient tué un rêve.

La brume assombrie tournoya et des têtes en surgirent, des têtes plates, luisantes, se balançant les unes à côté des autres au sommet de longs cous qui s'enchevêtraient pour se réunir en un seul corps dans lequel ils palpitaient comme de grosses veines... C'était l'hydre. Elle les avait suivis silencieusement sous le couvert de la brume, en produisant les réflexions fantomatiques avec son dos lisse comme du verre.

– Iolas, murmura Héraclès, mets le feu aux arbres.

Iolas hésita puis, après un dernier regard à Héraclès et aux neuf têtes qui se balançaient hors de la brume, il s'enfuit, tenant la torche au-dessus de sa tête. En courant, il la heurtait à d'invisibles obstacles et faisait pleuvoir des flammèches qui lui brûlèrent les joues et les bras. Des brindilles et des branches commencèrent à crépiter, et une lueur rouge embrasa la nuit, donnant un relief saisissant aux flots de fumée qui s'échappaient de tous les interstices des arbres en feu. Certaines de ces apparitions, déformées et cramoisies, semblaient être les pensées secrètes de l'air, révélées par la fumée qui les matérialisait.

Iolas entendit soudain, dominant le ronflement grésillant de l'incendie, un choc violent, mais la terreur l'empêcha de se retourner. Il crut percevoir un cri, mais il continua à courir, poussé par une irrésistible sensation de dégoût.

– Iolas !

C'était un hurlement de panique. Le garçon hésita puis, contrairement à ses instincts les plus impératifs, il fit demi-tour.

L'hydre était sortie du marais. Il l'aperçut entre les arbres, gigantesque et brillante dans la lueur dansante du feu. Ses extrémités, aussi nombreuses et aussi flexibles que ses cous, étaient enroulées autour d'Héraclès qui semblait incapable de faire un geste. Les neuf têtes du monstre entouraient celle du héros, qui était tournée vers Iolas avec une telle expression d'angoisse que le garçon oublia toutes les craintes qu'avait pu lui inspirer Héraclès.

Il fut envahi par la détresse et une immense pitié en regardant le plus grand héros de la terre assassiné lentement par la puanteur et l'ignominie de l'hydre. Pourquoi Héraclès restait-il aussi immobile ? Pourquoi ses bras musculeux pendaient-ils inertes, comme s'il était déjà mort ? Dérouté, Iolas s'avança en titubant vers les circonvolutions de l'hydre, en criant de toutes ses forces :

– Défendez-vous ! Pour l'amour du ciel, défendez-vous !

Héraclès l'aperçut.

– Va-t'en... sauve-toi... hoqueta-t-il.

Et puis d'autres têtes s'interposèrent entre Iolas et lui. Celles qu'il voyait se balancer au bout des cous de l'hydre, étaient les têtes des enfants qu'il avait massacrés dans la cour de Thèbes. Ils lui souriaient et tendaient leurs joues pour quémander un baiser... Pourquoi étaient-elles si froides ?

Une folie à rebours s'était emparée de lui. Maintenant, il voyait des enfants là où il y avait des serpents. Les pouvoirs de l'hydre étaient tels qu'elle incitait ses victimes à lutter contre elles-mêmes avant de les dissoudre dans sa bave nauséabonde. La minute de vérité avait sonné pour Héraclès, confronté à ses terreurs les plus profondes. Il sentait l'étau se resserrer implacablement sur sa poitrine, ses poumons suffoquaient dans les odeurs immondes, et ses enfants bien-aimés ouvraient leur petite bouche rose pour lui mordiller les joues avec des dents aussi brillantes que des perles.

– Frappez-la ! Frappez-la ! cria Iolas.

Héraclès frissonna. Il leva la main – mais pas celle qui tenait la massue – et caressa les joues offertes et les têtes obstinément enchevêtrées.

– Coupez-les ! hurla Iolas.

Les flammes bondirent, l'incendie crépita, les branches éclatèrent bruyamment... et des yeux semblables à des constellations dansèrent dans la nuit.

– La folie... gronda Héraclès. C'est *ça,* la folie !

Il leva la main qui tenait la massue et, de toutes ses forces, il poussa un grand cri comme s'il implorait leur pardon et il frappa les têtes bien-aimées. Des arbres entiers s'embrasèrent en tendant leurs branches comme pour se protéger de la chaleur intense. Encore et encore, Héraclès frappa, les têtes tombèrent comme des fruits pourris, et un sang noir jaillit des cous brisés.

Iolas poussa un cri de triomphe... qui s'éteignit vite. Le sang noir bouillonnait et formait en coulant des croûtes d'où s'élevaient de nouvelles têtes, deux sur chaque cou, puis de nouveau deux lorsque chacune des têtes nouvellement écloses tombait à son tour sous la massue d'Héraclès. Une centaine d'hydres naissaient de la première. Une grouillante multitude de serpents ondulaient autour d'Héraclès, telles les étamines d'une monstrueuse fleur grise...

– Brûle les cous ! Sers-toi de la torche, Iolas ! Les cous... cautérise-les !

Iolas s'approcha. Une tête tomba contre son pied, froide et humide. Horrifié, il fit un bond en arrière... mais il revint à la charge en tendant la torche devant lui jusqu'à ce qu'elle trouve le cou décapité. Il le toucha avec la poix fondue. Le cou siffla, se rétracta, puis retomba, aussi inerte qu'un vieux bout de corde.

– Les cous... les cous ! haleta Héraclès.

Et Iolas les trouva. Le sang noir bouillonna, la chair se ratatina, et les cous morts s'affaissèrent en désordre. Petit à petit, le nombre de têtes diminua – comme une foule qui se disperse –, tandis que la massue d'Héraclès les frappait et que la torche d'Iolas brûlait les tronçons. Le sol était jonché de têtes qui luisaient vaguement, comme des pommes sous un pommier après une tempête... Mais une tête ne tomba pas : celle qui contenait le cerveau de l'hydre. Héraclès eut beau la frapper, elle continua à se dresser et à onduler et, tant qu'elle était vivante, son emprise se resserrait sur Héraclès, de plus en plus oppressante...

Soudain, Héraclès ressentit une vive douleur au pied. Il baissa les yeux : un crabe était sorti du marais et lui pinçait le talon. A l'abri dans sa carapace qui devait lui sembler une forteresse inexpugnable, il s'était traîné au secours de sa monstrueuse voisine de la vase, tel un rampant Iolas venant aider son répugnant Héraclès.

L'ironie de la chose arracha un cri de colère à Héraclès, qui mit le crabe en miettes. Puis il leva les yeux. La dernière tête de l'hydre était toute proche de la sienne. Cette fois, plus d'illusion démente, plus de faux-semblant, seulement l'incarnation pure et simple du poison. Héraclès vit sa propre image se refléter, déformée, dans les yeux froids et découvrit un effroyable savoir dans le lent sourire de la gueule béante, la connaissance de la partie la plus noire de lui-même... de toute la noirceur du monde. Un savoir sans sagesse, sans pitié, sans lumière.

– Mon épée, Iolas ! Donne-moi mon épée...

Les mâchoires de l'hydre s'écartèrent. Avec la lucidité que confère l'extrême terreur, Héraclès vit le venin jaillir dans la bouche de la bête, il la vit darder sa langue fourchue...

– L'épée ! Vite !

Il lâcha sa massue et tendit la main : il sentit l'épée s'y poser. Les yeux de l'hydre devinrent de plus en plus profonds, le double reflet d'Héraclès parut s'y engloutir en tourbillonnant... et l'épée frappa. La tête tomba, et l'hydre de Lerne ne fut plus qu'un cadavre.

Hâtivement, en détournant les yeux, Héraclès et Iolas ensevelirent la tête de l'hydre sous une pierre. Après quoi Héraclès plongea deux flèches dans le sang noir qui imbibait lentement le sol et les marqua d'une encoche : la moindre égratignure qu'elles causeraient provoquerait inéluctablement la mort, aussi ne devaient-elles être utilisées qu'à la dernière extrémité. Enfin, Héraclès traîna le gigantesque corps flasque de l'hydre jusqu'au marais, où Iolas et lui le regardèrent s'enfoncer dans la vase d'où il était sorti. En guise de tribut ironique, Héraclès lança les débris du crabe écrasé sur la miroitante surface du marécage, pour marquer l'endroit où gisait l'hydre. Ils flottèrent un instant, scintillant comme des fragments d'étoile, puis ils sombrèrent et le marais les oublia.

Iolas sentit la main d'Héraclès se poser sur son épaule. Il leva les yeux vers le visage de son héros, qui rougeoyait à la lueur de l'incendie. Comment avait-il pu avoir peur de cet homme ?

– Viens, Iolas.

Iolas acquiesça et, emportant avec eux deux des têtes tranchées à titre de preuve du travail accompli, ils partirent entre les arbres en feu comme deux âmes lasses cherchant leur chemin hors des enfers.

Propreté est sœur de piété

Eurysthée, le roi de Mycènes, avait un ami. A vrai dire, cet ami ne sentait pas bon. En fait, il empestait et, bien qu'il habitât assez loin de là, en Élide, il y avait des jours, lorsque le vent soufflait dans le bon sens – ou, plutôt, dans le mauvais sens –, où Eurysthée pinçait ses narines délicates et soupirait :

– Ah, Augias*...

Il paraît surprenant qu'un couple aussi raffiné qu'Eurysthée et sa reine ait pu avoir pour ami un homme aussi répugnant qu'Augias, mais il y avait à cela de bonnes raisons. Augias était roi – ce qui était l'une de ces raisons – et il était immensément riche – ce qui en était une autre. Le roi et la reine de Mycènes auraient fui un mendiant malodorant et grouillant de vermine – et l'auraient peut-être même expulsé de leur royaume – mais un Crésus malodorant et grouillant de vermine était une tout autre paire de manches. Alors que le mendiant était sale parce qu'il ne pouvait pas faire autrement, le Crésus, lui, devait avoir ses raisons. Il avait sûrement un motif et, même s'il s'agissait simplement d'une mauvaise odeur, c'était une mauvaise odeur choisie par un homme suffisamment riche et puissant pour avoir fait ce choix en toute connaissance de cause.

Augias était grand et gros, avec un sourire veule sur des lèvres molles et un regard traqué au fond de petits yeux comme si, quelque part en lui, un Augias plus svelte et plus propre le critiquait continuellement.

Ce roi d'Élide était l'infortunée victime d'une nature timide et d'une chance extraordinaire. Ni la famine ni les maladies ne s'abattaient jamais sur son royaume, et douze taureaux d'une blancheur immaculée, apparemment tombés du ciel, protégeaient ses immenses troupeaux contre les incursions des bêtes sauvages. La façon dont tout concourait à l'enrichir était positivement incroyable... et le terrifiait. Sa pusillanimité ne cessait de lui susurrer que c'était trop beau pour durer et, par moments, il en arrivait à souhaiter que la catastrophe se produise, que ce soit enfin une affaire classée au lieu d'une menace suspendue au-dessus de sa trop chanceuse tête.

Cette appréhension constante paralysait sa volonté au point de le rendre incapable de prendre la moindre décision, de crainte qu'elle ne provoque la calamité redoutée. Tout ce qu'il pouvait faire, c'était attendre, dans une confusion et une saleté croissantes, en regardant avec une jubilation mêlée de terreur ses richesses augmenter de jour en jour.

La base de sa fortune avait été le bétail et les chevaux. Ses immenses écuries, avec leurs stalles de marbre et leurs auges de porcelaine avaient fait l'admiration du monde entier. Leur sol de mosaïque passait pour avoir été dessiné par Apollon en personne, mais il n'était plus visible depuis des années, et les bâtiments eux-mêmes étaient plongés dans une obscurité déplaisante. Personne ne voulait les nettoyer, les serviteurs en rejetant la responsabilité les uns sur les autres avec une désinvolture qui déconcertait Augias. Il se mettait souvent en colère, mais il était incapable de prendre une décision. Résultat : les écuries n'étaient pas nettoyées. Depuis trente ans, Augias remettait de jour en jour le règlement de cette question secondaire et, maintenant, quand on parlait de la montagne d'Élide, il ne s'agissait plus de l'une des altières collines tapissées de verdure et couronnées de rochers dorés par le soleil, mais du monceau d'immondices sous lequel avaient depuis longtemps disparu les écuries d'Augias et au-dessus duquel vrombissait en permanence une nuée opaque de mouches. Cette nuée se soulevait parfois lorsque des juments ou des vaches en gésine traversaient péniblement l'horizon embrumé, s'arrêtaient un instant et se profilaient sur cet affreux décor. Et puis la nuée se rassemblait avec un bourdonnement qui emplissait l'intérieur et les alentours du palais.

Quelque part dans ce palais, Augias avait femme et enfants mais, comme ils étaient aussi crasseux que tout le reste, il ne savait jamais très bien si c'était à eux ou à ses serviteurs qu'il avait affaire. Il n'était sûr de lui qu'avec les étrangers. En leur présence, il reprenait pleinement conscience de sa royauté, car il redoutait par-dessus tout qu'on ne le soupçonne d'être trop pauvre pour tenir son domaine en état.

– Je m'abbelle Héraclès, déclara le grand jeune homme vêtu d'une peau de lion qui se tenait devant lui et s'exprimait comme s'il avait le nez bouché par un gros rhume ou autre chose.

– Un cousin de mon cher ami Eurysthée ?

– Je suis au service d'Eurysthée bar la volonté des dieux, répondit Héraclès qui ne tenait pas à revendiquer cette parenté.

– N'empêche que vous êtes de sa famille, rétorqua Augias en se grattant furieusement. La race ne trompe pas. Il ne faut jamais se laisser abuser par les vêtements ou l'apparence. Une ascendance noble se repère tout de suite. Vous n'allez pas me croire, mais il arrive que des gens se posent des questions sur mes origines. En revanche, j'ai remarqué qu'entre nobles, on se reconnaît toujours.

– Oh, oui, murmura Héraclès qui observait l'abominable souverain sur son trône crasseux.

Augias s'agita, obscurément conscient d'être critiqué.

– Je pourrais vous en fournir dix exemples, Héraclès, dit-il en poursuivant son idée.

– Je n'en doute bas, mais bourrais-je vous les bayer ? répondit Héraclès qui n'arrivait pas à détester ce gros homme pathétique.

– Vous êtes enrhumé, Héraclès ? s'enquit le gros homme avec irritation.

Il ne supportait absolument pas l'ironie. Eurysthée avait souvent plaisanté à ses dépens, mais Eurysthée était roi, après tout...

– Je ne veux pas de malade chez moi. Je suis très pointilleux sur la santé, Héraclès. Je considère la maladie comme une forme de saleté. Et presque autant que la maladie, je déteste l'insolence. Pour un serviteur d'Eurysthée, Héraclès, je trouve que vous prenez de bien grands airs.

– Des airs bien modestes en comparaison de ceux qui émanent de vous, seigneur Augias, dit Héraclès qui se déboucha le nez et pinça les narines.

Il prit mentalement note de répéter ce trait d'esprit au jeune Iolas qui l'attendait dans la cour du palais, pendant qu'Augias se rongeait les ongles sans parvenir à déterminer s'il avait été flatté ou insulté. Héraclès reprit la parole :

– Je suis venu nettoyer vos écuries, seigneur Augias.

Pendant un instant, Augias ne comprit pas le sens de ce qu'Héraclès venait de dire. Puis ses grosses lèvres tremblotèrent, ses petits yeux disparurent derrière des bourrelets de graisse et il éclata de rire. Pour une fois, il avait l'idée d'un bon mot.

– Les travaux d'Héraclès ! J'en ai entendu parler... Oh, oui ! Les fameux travaux ! Mais l'arrogance se paie ! Ce qui fait que, maintenant, Héraclès est dans... ah, ah, ah !... dans la crotte ! Le roi de la fosse à purin !

Un rire gras fit tressauter le triple menton d'Augias, et les yeux d'Héraclès brillèrent de colère. Il se rappelait la raison de ses travaux : l'énormité de son crime. La tâche qui lui était maintenant imposée paraissait avilissante, non pas pour lui, mais pour ce qu'il avait fait. Il enragea intérieurement au souvenir de son effroyable désespoir. Celui-ci allait-il être rabaissé au niveau de la corvée de pelleter du fumier pendant le reste de ses jours ?

– Toute votre vie, Héraclès, hoqueta Augias en s'étranglant de rire. Dans le purin ! Parce que je peux vous certifier que mon bétail détruira chaque nuit votre travail de la journée ! Quelle existence en perspective, Héraclès !

– Une journée, Augias ! s'écria Héraclès aveuglé par des larmes de rage. C'est tout ce que vous aurez de moi ! Une seule journée de ma vie pour nettoyer les ordures de toute la vôtre ! J'en aurai terminé à la tombée du jour, Augias. J'en fais le serment sur la tête de mon père.

Mais Augias, emporté par sa triomphante hilarité, n'entendait pas s'en laisser détourner. Il jubilait d'avoir amené Héraclès à se livrer à une telle fanfaronnade et considérait celle-ci comme une victoire morale.

– Ha, ha ! Quel père, Héraclès ? J'ai entendu dire qu'il y aurait un doute !

– Zeus ! rugit Héraclès soulevé par une fureur qu'il regrettait déjà, mais qu'il était incapable de contrôler.

En faisant son serment, il songeait, en réalité, à Amphitryon, le mari de sa mère, dont le nom, en fin de compte, aurait été un peu moins contraignant que celui de Zeus mais, maintenant, il était trop tard. Augias souriait avec incrédulité. Sa victoire avait brusquement pris des proportions divines.

– Des témoins ! s'écria Augias. Des témoins du serment d'Héraclès ! Qui es-tu, toi ?

– Philée, père...

– Ah, mon fils aîné. Bon, eh bien, peu importe. Contente-toi d'être témoin du serment d'Héraclès.

Laisse tomber le reste et rappelle-toi seulement cela. C'est tout ce que je te demande. Héraclès a juré sur la tête de Zeus qu'il nettoierait les écuries avant la nuit.

Le jeune homme regarda la scène d'un œil éteint et hocha la tête. Le serment était confirmé : Héraclès s'était engagé à nettoyer en une journée ce qu'il avait fallu trente années de négligence pour accumuler.

– N'allez surtout pas croire que je me plaigne, prince Héraclès, ni même que j'insinue que vous avez perdu votre sang-froid, mais je pense qu'avec le roi, vous avez parlé un peu vite.

Iolas leva les yeux toujours plus haut, jusqu'à ce qu'ils englobent dans sa totalité le long sommet onduleux de l'amoncellement d'ordures et sa menaçante nuée de mouches. Ses vallonnements avaient depuis longtemps englouti les murs des écuries et envahi les prés avoisinants. Un nuage de vapeur flottait sur l'ensemble comme dans une région volcanique, et l'interminable défilé de bétail gras qui se déplaçait à travers les volutes de fumée et escaladait laborieusement les pentes évoquait quelque étrange allégorie impie de la vanité et de l'ambition.

– Il faut reconnaître que c'est insultant, continua Iolas qui avait fini par se considérer comme la conscience admirative d'Héraclès. Après tout, vous êtes le plus grand héros du monde, le fils de Zeus et tout. Ce n'est pas que cela me dérange personnellement, notez bien, mais il me semble que...

– Pourquoi serait-il plus humiliant de nettoyer des ordures que de les faire ? coupa Héraclès avec humeur.

La tâche ne lui répugnait pas moins qu'à Iolas, et la puanteur le rebutait tout autant. Qu'on lui reproche sa témérité ne lui était d'aucun réconfort.

– La situation est claire et nette, dit Iolas qui avait emprunté cette formule à son père. Et si je peux me permettre de faire une suggestion, prince Héraclès, je dirais que plus tôt on s'y mettra, plus tôt on terminera.

Héraclès, adossé à un pan de mur qui avait échappé aux attentions du bétail, fronça les sourcils. Il jeta un regard circulaire, mais ne parut pas disposé à suivre le conseil d'Iolas.

– Il y a des cas, mon enfant, où un peu de réflexion peut épargner beaucoup de travail.

Iolas haussa les épaules et vint rejoindre le plus grand héros du monde en s'adossant contre le mur dans la même attitude que lui et en fronçant les sourcils avec la même apparence de concentration. Héraclès lui décocha un regard soupçonneux.

– Qu'est-ce que tu fais, Iolas ?

– Je réfléchis.

Héraclès pinça les lèvres.

– Tu vois les paniers fournis par le roi Augias ?

Iolas hocha la tête.

– Combien de temps faudrait-il pour en porter un jusqu'à la rivière ?

– Vide ?

– Plein, Iolas.

Le garçon soupira et regarda, au nord du paysage nauséabond, un mince torrent qui serpentait avec un empressement furtif vers la mer lointaine. Au sud, un autre cours d'eau – un affluent d'un fleuve plus important – s'écoulait paresseusement. Iolas supposa qu'Héraclès parlait du plus rapide et du plus proche des deux cours d'eau.

– Pas longtemps, prince Héraclès.

– Alors, mets-toi au travail, Iolas, et je verrai le temps que cela te prend.

Iolas ouvrit la bouche pour dire quelque chose. Héraclès le regarda d'un air interrogateur et Iolas changea d'avis. Il soupira et prit un panier.

– Où est la pelle, prince Héraclès ?

– La main a été créée avant la pelle, Iolas.

Iolas sourit pitoyablement, leva les yeux vers le sommet couronné d'un nuage noir de l'affreuse montagne d'Élide, et les rabaissa sur ses petites mains. Finalement, il regarda Héraclès qui n'avait pas bougé du mur et hochait la tête d'un air encourageant.

– On dit que plusieurs mains valent mieux qu'une, prince Héraclès.

– Tout à fait exact, Iolas. Utilise les deux.

Alors Iolas, avec de fréquents coups d'œil à l'impassible Héraclès, remplit le panier et partit vers le torrent, minuscule silhouette sur le monceau de confusion et d'immondices. Mais, apparemment, Héraclès parlait non pas du cours d'eau le plus proche, mais de l'autre, le plus paresseux et le plus lointain. Il appela Iolas et lui désigna un endroit où des rochers provoquaient déjà un ensablement du lit de la rivière. Accablé, Iolas changea de cap, déversa son fardeau où on lui disait et revint sur ses pas.

– Recommence, Iolas.

– Sans vouloir vous offenser, prince Héraclès, je vous signale qu'il y a un deuxième panier...

– Sans vouloir t'offenser, Iolas, je doute que tu puisses porter les deux, mais essaie quand même.

Iolas scruta le visage de son héros en cherchant sur ses lèvres et dans ses yeux la lueur d'un sourire, mais Héraclès demeura parfaitement innocent de toute ironie. Iolas emplit à nouveau son panier et repartit à la rivière d'un pas pesant, en marmonnant entre ses dents toutes sortes de protestations et de réflexions cinglantes sur les héros qui se dorent le ventre au soleil. Le plus douloureux fut de constater qu'Héraclès disposait bel et bien d'une pelle.

– Je vois qu'on s'est quand même décidé à inventer la pelle, en fin de compte, fit Iolas avec une ironie mordante.

Héraclès hocha aimablement la tête, mais ne fit pas un geste pour se dessaisir de l'outil.

– Je l'ai aidé à dépecer le lion de Némée, maugréa tout bas Iolas, je l'ai aidé à tuer l'hydre de Lerne. Il pourrait quand même m'aider à nettoyer les écuries d'Augias.

Il n'en continua pas moins à s'acquitter de la tâche ignominieuse à laquelle l'avait conduit son culte du héros. Il commença par essayer, en vain, de ressusciter les fascinants souvenirs de ses précédentes aventures avec Héraclès puis, comme cela échoua, il se demanda pourquoi il se soumettait à son avilissement actuel. Après tout, c'est Héraclès qui avait commis la faute qui lui valait d'être condamné aux grands travaux. Iolas, lui, était aussi innocent que l'agneau qui vient de naître. S'il avait la moindre jugeote, il quitterait l'Élide sur l'heure. Il rentrerait à Mycènes et ferait courir l'affligeante nouvelle qu'Héraclès, en tant que héros, laissait beaucoup à désirer.

Pourtant, Iolas ne retourna pas à Mycènes. Son caractère comportait une bonne dose d'obstination qui l'empêchait d'admettre une erreur de jugement.

Quand il avait admiré, il continuait à admirer. Quand il avait aimé, il continuait à aimer. Il préférait trouver des excuses aux autres qu'à lui-même. Bon, Héraclès avait ses défauts...

Et puis, peu avant midi, Iolas vit qu'Héraclès s'était secoué. Il se mettait au travail. Aussitôt, doutes et reproches fondirent comme neige au soleil et une grande joie l'inonda. La nature avilissante de la tâche fut oubliée. La seule chose qui importait, c'est qu'Héraclès l'assumait. Éberlué, Iolas constata qu'un grand trou avait été ouvert dans le mur de l'écurie. Dans ces pierres massives, une telle brèche aurait exigé une pleine journée de travail d'une douzaine de solides gaillards... enfin, mettons une demi-journée. Ensuite, il vit Héraclès s'activer dans les champs. Il creusait. Et, comme si c'était la première fois, le garçon eut un aperçu de la force colossale de son héros. Il avait vu Héraclès combattre l'hydre mais, cette fois, il le voyait s'attaquer à la nature même du terrain. Beaucoup d'hommes avaient les épaules plus larges qu'Héraclès, les bras et les mollets plus massifs, mais aucun n'avait jamais atteint une telle perfection dans l'effort, combinant la puissance et la grâce de telle manière que chacune servait l'autre sans le moindre gaspillage d'énergie.

La terre souillée volait et le terrain semblait s'ouvrir dans le sillage d'Héraclès. Au milieu de l'après-midi, un fossé profond reliait presque la brèche du mur à un coude du torrent. Après quoi Héraclès entreprit, à une allure fantastique, de modifier le cours de la deuxième rivière. Déjà souillée et inondant paresseusement ses berges à la suite du travail d'Iolas, cette rivière – un modeste affluent du fleuve Alphée – se déversa dans un second fossé pour aller mélanger ses eaux à celles du plus rapide Ménios, en amont du méandre vulnérable. Pendant un instant, le double courant bouillonna, écuma et lutta contre ses rives comme un prisonnier d'argent se débattant contre un étranglement insupportable.

Furieusement, il se rua dans le virage comme s'il cherchait frénétiquement un lit plus rectiligne. La terre comprimée fit une menaçante saillie en direction du fossé vide. Inlassablement, Héraclès lutta à coups de pelle jusqu'à ce que la hernie finisse par céder avec une violente commotion : la rivière se déversa dans sa nouvelle issue et s'élança vers le mur de l'écurie.

Elle l'atteignit avec un formidable jaillissement. Brièvement arrêtée, elle monta et se répandit jusqu'à ce que le poids colossal de l'eau trouve la brèche dans les pierres. Alors, d'abord lentement, puis de plus en plus vite, la rivière agrandit la brèche et poursuivit son chemin à travers les écuries ensevelies.

Iolas, qui tenait toujours son panier, assista à l'événement avec une stupeur mêlée de terreur jusqu'à ce qu'il aperçoive Héraclès impassible, les bras croisés. Alors il croisa les siens et leva les yeux vers le sommet de la montagne d'Élide.

Au début, seule la nuée de mouches donna des signes d'agitation inhabituels. Ce sont les plus petites créatures de la nature qui remarquent les premières ces mouvements infimes, invisibles aux yeux des plus grandes, qui sont les éclaireurs de la toute proche armée des cataclysmes. La nuée s'éleva, vibra, s'éparpilla en un million de particules bourdonnantes et se recondensa en prenant des formes bizarres évoquant un message de catastrophe griffonné à la hâte. Les juments et les vaches qui cheminaient péniblement au sommet du monticule commencèrent à hennir et à meugler avec inquiétude. Le taureau blanc qui, tel un monarque de marbre, surveillait d'un œil noir ses femelles pleines, poussa un beuglement d'alarme et dévala la pente. La montagne s'était mise à bouger.

Ses répugnantes fondations ayant été sapées par les eaux déchaînées, l'énorme édifice tout entier commença à se prosterner devant les cieux. On vit apparaître des lézardes qui ne se refermèrent que pour faire place à des fissures et à des crevasses plus profondes. La crête s'effondra. La montagne s'affaissa, devint colline. Des pans de mur, des chapiteaux de colonne, des morceaux de voûte disparus depuis longtemps surgirent comme des éléments d'un vaste édifice squelettique.

Le spectacle était étrange et grandiose au-delà de toute attente. Et ce n'était qu'un début. Les forces de la rivière continuèrent à agir. Lorsque les eaux poursuivirent leur course folle vers la quiétude de la mer, une marée de fumier – une grand-route mouvante – jaillit des écuries. Le paysage sembla se mettre à l'écart, désorienté : chevaux et bestiaux se blottirent les uns contre les autres en groupes terrifiés. Mais l'indomptable nuée de mouches, bourdonnant philosophiquement, suivit la route mouvante pour voir comment l'affaire se terminerait.

Petit à petit, la nuée noire diminua jusqu'à ne plus être qu'une petite tache sur le ciel de l'ouest. Le soleil vint à sa rencontre comme pour la brûler et illumina la nature d'un coucher de soleil flambant neuf. La montagne d'Élide avait disparu, et les flots argentés de la rivière traversaient les écuries d'Augias ressuscitées.

Héraclès tourna la tête vers les derniers feux du couchant.

– Père Zeus, dit-il en souriant. Vous voyez : je n'ai pas évoqué en vain votre nom.

Le lendemain, les écuries d'Augias, toutes de marbre et de pâle porcelaine bleue, resplendissaient au soleil. Le bétail s'en approcha timidement et regarda avec stupeur le somptueux paradis dont les ancêtres morts depuis longtemps leur avaient peut-être vanté les splendeurs et qui avait été englouti sous des monceaux d'immondices. Ainsi, ces fameuses écuries avaient donc réellement existé, en fin de compte...

Inlassablement, la rivière détournée alimentait les rigoles bien conçues et lavait le sol. La seule chose sale de tout l'édifice était le roi Augias lui-même, mais il n'était pas compris dans le travail dont Héraclès avait été chargé.

Une vague sensation de perte oppressait le minable et répugnant monarque. Le ciel était plus vaste qu'il ne se le rappelait et, quand il respirait, l'air avait quelque chose de vif et de coupant qui lui traversait la tête comme un couteau. Il s'assit sur une pierre sculptée et trempa tristement ses pieds dans l'eau murmurante jusqu'à ce qu'ils prennent une teinte rosée qui le stupéfia.

Le sol – le célèbre sol de mosaïque – s'étendait devant lui, brillant sous des vaguelettes et des vaguelettes d'eau courante. En le contemplant, il cligna des yeux pour dissiper quelques larmes. La mosaïque était vraiment très belle. On y voyait, en plus du bétail miraculeux, Augias en personne, mais un Augias plus jeune, plus svelte, dans le premier éclat de la royauté et l'orgueil de la jeunesse. Il ne s'en souvenait plus du tout. Confusément, il se reconnut et se demanda avec inquiétude si le sol avait été recouvert par négligence ou à dessein. Lentement, il se déshabilla, descendit de la pierre et, comme un obsédé, se mit à se laver, à se laver, à se laver...

Un voyage aux enfers

Mycènes était pleine d'étrangers. Des mères entourées de leur progéniture appelaient vainement des maris partis visiter les monuments de leur côté, loin du verbiage du guide officiel.

– Et voici, annonça le cicérone en amenant son troupeau sur la place du marché, l'endroit où le célèbre Héraclès a dépecé le lion de Némée. On peut se procurer des sachets de sable imprégné de sang dans les échoppes...

Les enfants se mirent aussitôt à pleurnicher pour qu'on leur achète des souvenirs, et un vieillard, qui s'était joint à la procession, grimaça un sourire en secouant sa tête chauve. Lui aussi dépeignait les héros sous leur meilleur jour et les plus brillantes couleurs, mais sans en tirer d'autre profit qu'un logement pour la nuit. Dans le commerce des souvenirs, les objets étaient infiniment plus rentables que les ballades. Comme ce que pouvait receler une pincée de sable sale pesait plus, dans la balance, qu'une merveilleuse légende !

– Et voici l'authentique piquet auquel le célèbre Héraclès attacha le taureau de l'île de Crète, récita le guide.

Et le vieil aède prit place dans la queue pour examiner de près le bois noirci par le souffle brûlant du monstre. Il le frôla du bout des doigts... et fut rappelé à l'ordre par le guide qui le pria vertement de ne pas endommager la relique et le prit par un bras pour le conduire à l'endroit où quatre empreintes de sabot, gravées dans la pierre, étaient serties dans le sol sableux. Leur écartement était absolument impensable.

– Le sanglier d'Érymanthe, dit le guide. Le cinquième des grands travaux d'Héraclès.

– Pourquoi pas le quatrième ? demanda l'aède avec lassitude. Ce n'était pas après avoir nettoyé les écuries d'Augias ?

– Vieil homme, répondit le guide avec un soupçon d'agacement, nous avons assisté à ces événements, pas vous. Alors, écoutez ce qu'on vous dit, n'essayez pas de donner des leçons.

L'aède baissa humblement la tête. Qui était-il, pour contredire un témoin oculaire ? Il emboîta le pas au groupe de badauds. Pendant qu'il regardait et écoutait, ses pensées le ramenèrent à sa visite du palais d'Argos, où il avait vu de ses yeux la tunique et les sandales d'Atalante, son carquois plein de flèches et les fils rompus de ses courses. Il se rappela le long cheveu d'or qu'il avait recueilli comme un trésor... et laissé emporter par la brise du soir. Il aurait pu le vendre, songea-t-il avec un sourire mélancolique.

– Tenez, vieil homme... prenez ça et n'en parlez à personne, chuchota le guide en glissant dans la main de l'aède quelques éclats de bois noirci. Les vestiges du passé semblent avoir une grande importance pour vous. Emportez ces souvenirs des grands travaux d'Héraclès... et espérons qu'ils vous feront faire de beaux rêves.

Le vieil homme rangea les éclats de bois dans sa besace avec reconnaissance mais, aussitôt sorti de Mycènes, il les en retira et les laissa tomber sur la route.

– Le monde que j'édifie, marmonna-t-il avec quelque arrogance, n'a nul besoin de fondements de ce genre !

Il se retourna pour jeter un dernier coup d'œil sur la ville embrasée par le soleil couchant. Il repéra le palais royal, dans lequel il imagina Eurysthée et sa reine guettant, tel un invraisemblable couple d'araignées, le retour d'un Héraclès encore plus invraisemblable qu'eux.

– Mais je vous modifierai, murmura l'aède en tournant le dos à la ville. Je ferai de vous quelque chose de plus plausible que du bois brûlé, des empreintes de sabot en pierre et du sable souillé. Mon Héraclès à moi sera presque un dieu...

– Il a vieilli, tu sais. Il s'est empâté. Sa démarche est plus lourde, et il a perdu son arrogance. Je m'en réjouis. Le feu qui brillait dans ses yeux s'est éteint.

Le roi de Mycènes sourit d'un air songeur, sur la couche de sa marmite de bronze souterraine, en levant les yeux vers le bord d'où dépassaient à peine le front pâle et les cheveux fous de sa reine qui tournait autour de la marmite comme un papillon importun. Et, à chaque tour, elle y lançait sa provision de méchanceté et de mépris comme les ingrédients d'un ragoût empoisonné. Telle était la veillée d'Eurysthée et de son épouse chaque fois qu'Héraclès revenait à Mycènes demander quel serait son prochain travail.

Il les avait servis pendant huit ans, voyageant sur leurs ordres dans des royaumes impensables. Partout où les vents étaient plus pernicieux et les nuits plus empoisonnées, il avait traqué, combattu et maîtrisé tous les monstres fantastiques issus de l'imagination raffinée d'Eurysthée.

– Sa sanction tire à sa fin. Bientôt, il nous échappera. Il sera libre d'aller où bon lui semble, peut-être même de s'en prendre à toi. Réfléchis-y...

La voix de la reine descendait dans l'énorme chambre métallique, ce qui éveillait des échos murmurants et surexcitait les pensées d'Eurysthée. Dix grands travaux avaient été accomplis, il n'en restait plus que deux...

– Réfléchis, Eurysthée.

La voix de la reine s'était épaissie, tout comme elle. Sa chevelure était disgracieusement striée de gris, sa peau était avachie et elle avait des poches sous les yeux. Eurysthée remarqua avec dégoût la façon dont elle avait accumulé les décombres des années, alors que lui-même était resté svelte et quasi intact. Quelques dents en moins semblaient être son unique dégradation, et encore, elle était intérieure et ne se voyait que quand il ouvrait la bouche toute grande.

Les années pesaient très légèrement sur Eurysthée, et il lui arrivait, en comparant sa conservation à la détérioration de tout son entourage, de se demander très sérieusement s'il n'aurait pas reçu le don de l'éternelle jeunesse. Les serviteurs devenaient bedonnants, les chiens avaient le museau grisonnant, quant à Héraclès...

– Il transpire plus qu'avant, tu ne trouves pas ? C'est un signe de faiblesse. Même le temps le punit.

– Pas assez ! Ce sont les derniers travaux. Réfléchis bien, Eurysthée. Réfléchis à ce que tu redoutes plus que tout...

Le visage flasque de la reine apparut au-dessus du rebord de la chambre. Son sourire était aussi mince et serré qu'une reprise dans un drap usagé. Les années, en plus de l'avoir quelque peu boursouflée, avaient accru et durci son antipathie pour Héraclès et, chaque fois qu'elle contemplait le mari maigrichon, osseux et rabougri que le destin lui avait donné, elle détestait davantage le robuste Héraclès. Elle dénigrait ses qualités et dépréciait ses prouesses comme si, en le rabaissant, elle relevait Eurysthée à une taille acceptable.

– Fais-le ramper, Eurysthée. Qu'il vienne t'implorer avec la peau en lambeaux en te suppliant de lui rendre sa liberté. Fais-le échouer...

– Le succès, dit Eurysthée en pinçant une lèvre abondamment moustachue, a quelque chose de prétentieux, tu ne trouves pas ?

Eurysthée avait tendance à considérer tout ce qui le dépassait comme une manifestation de vanité et de prétention. Contrairement à sa reine, il ne rêvait pas de perfectionnement, qu'il n'estimait pas indispensable ni même envisageable. Sa bouche mâchonna fébrilement, et sa langue explora une par une toutes les lacunes de sa dentition. Qu'est-ce qu'il redoutait plus que tout ? Il avait eu très peur du lion de Némée et de l'hydre de Lerne. Il avait été horrifié par le fumier d'Augias. Il avait redouté le terrible taureau de l'île de Crète qui engendrait des démons et crachait le feu... mais Héraclès l'avait dompté. Tout comme les cauchemardesques oiseaux du lac Stymphale, des volatiles au bec d'airain qui crevaient les yeux des voyageurs avant de les dévorer : Héraclès les avait chassés et était revenu à Mycènes auréolé de gloire. Il y avait eu, à Érymanthe, un sanglier qui piétinait les moissons avec les moissonneurs en parsemant les champs de sang, de hurlements d'épouvante et d'ossements. Il y avait eu, dans l'est, un roi fou qui élevait des juments carnivores et les nourrissait de chair humaine. Ces terreurs-là aussi s'étaient effondrées devant Héraclès. Le sanglier avait été capturé et le roi jeté en pâture à ses juments. Qu'est-ce qu'Eurysthée aurait pu redouter d'autre, en dehors d'Héraclès lui-même ? Que restait-il, dans les profondeurs de son cerveau, qui sortait en rampant la nuit et lui donnait des suées d'horreur et de douleur ? La mort.

– Qu'il aille dans le royaume d'Hadès et en ramène Cerbère*, le chien à trois têtes des enfers.

– Qu'avez-vous laissé à mes pareils, prince Héraclès ? s'enquit Iolas, mi-plaisant mi-sérieux, en escaladant les collines en compagnie de son héros bien-aimé, à deux jours de marche au sud de Mycènes. Vous avez débarrassé le monde de tous ses monstres. Et, même s'il devait se présenter un jour un nouvel Héraclès, que lui resterait-il à faire ? Porter la voûte des cieux, peut-être ? Cueillir les pommes d'or du jardin des Hespérides... ou libérer

Prométhée ? Tout le reste est déjà fait. Triste perspective pour les héros de l'avenir. Non pas que je m'en plaigne. Mais, au moins, je pourrai toujours raconter que j'étais avec Héraclès quand il a enlevé ses troupeaux au roi Géryon*, que je l'accompagnais le jour où il s'est emparé de la ceinture d'or de la reine des Amazones*...

– ... Et que je l'ai aidé à nettoyer les écuries d'Augias ? ajouta malicieusement Héraclès.

– Très juste, dit gravement Iolas. Ce fut le plus extraordinaire de tous les grands travaux. Personne d'autre que le prince Héraclès n'aurait pu l'accomplir.

– Télamon... Pélée, peut-être ?

Iolas secoua négativement la tête.

– Qui d'autre qu'Héraclès aurait pu déplacer trente ans de fumier sans même se salir les mains ? Stupéfiant. Qui d'autre que le célèbre prince Héraclès aurait pu persuader deux cours d'eau et un jeune garçon de faire le travail à sa place ? Mes mains à moi ont pué le purin pendant un an, après cela. Peut-être l'avez-vous remarqué, prince Héraclès ? Mais bien sûr que vous l'avez remarqué. Vous vous rappelez : pour poursuivre la biche aux pieds d'airain de Cérynée, vous avez refusé de m'emmener parce que, disiez-vous, elle m'aurait flairé d'un bout de l'Arcadie à l'autre ? J'aurais pourtant bien aimé voir cette biche qui portait des bois comme un cerf. Peut-être l'auriez-vous attrapée plus facilement si j'étais venu avec vous.

– Tu m'en veux encore, Iolas, après toutes ces années ? Je te jure que tu ne sens plus du tout...

Iolas sourit, et ces deux êtres dont l'amitié avait donné naissance à une profonde compréhension restèrent un moment silencieux, comme s'ils contemplaient le gouffre qui les séparait et qu'ils ne pourraient jamais franchir, en dépit de tous les bons moments, de tous les reproches et de tous les souvenirs qu'ils pourraient évoquer. Durant de longues périodes, ce gouffre serait oublié et puis, une réflexion imprévue, une circonstance insignifiante les amènerait tous deux au bord de l'abîme, où ils s'immobiliseraient et plongeraient leur regard, pardessus le vide, dans les yeux insondables de l'autre.

A vingt et un ans, Iolas était mince, alerte et robuste. Il marchait aussi vite qu'Héraclès avait jamais marché. En fait, tous ses gestes, toutes ses attitudes et jusqu'à ses brusques froncements de sourcils étaient calqués si exactement sur ceux de son héros qu'Héraclès avait parfois l'impression de voir sa propre jeunesse faire route à ses côtés. Lui-même, comme l'avait remarqué le roi de Mycènes, s'était épaissi, il avait pris du poids, du sérieux, et perdu sa fougue initiale. Il espérait qu'Iolas ne s'en apercevait pas trop et, chaque fois qu'il en avait l'occasion, il se massait discrètement avec de l'huile pour assouplir ses muscles endurcis. Parfois, il se surprenait à faire semblant d'avoir vu quelque chose avant que les yeux perçants d'Iolas ne l'aient repéré, et il rougissait intérieurement en songeant que cette supercherie aurait pu être éventée et révéler une infirmité à un ami.

Mais, pour Iolas, il n'y avait qu'un seul Héraclès, et le colosse qui marchait à grands pas sur la route rocailleuse n'avait jamais été plus infatigable, plus magnifique.

– Ayez pitié de moi, prince Héraclès, haleta Iolas. Je suis moins pressé que vous d'arriver au royaume d'Hadès.

Héraclès s'arrêta. Ses jambes étaient douloureuses et, au fin fond de son cœur, il savait qu'il était vain de s'astreindre à repousser les limites de l'endurance humaine comme s'il cherchait à nier sa propre humanité. Il fronça les sourcils et Iolas comprit que, une fois de plus, ils étaient de part et d'autre du gouffre, à l'extrême bord de l'abîme qui les séparait. Héraclès lui tendit la main. Iolas la prit en sachant que ce geste n'était pas un pont, mais un adieu.

– Aller chercher Cerbère est une tâche pour un homme seul, Iolas.

Pendant un instant, l'enfant passionné reparut dans les yeux d'Iolas, qui sembla prêt à discuter comme il l'avait fait si souvent dans le passé. Héraclès lui lança un regard presque implorant et secoua la tête.

– Je vous attendrai, prince Héraclès, murmura Iolas qui sentit que la mission dont il était exclu devait avoir un caractère extrêmement personnel et important pour l'homme qu'il aimait tant, et le gouffre parut se creuser dans des proportions dramatiques. Partez, maintenant, continua-t-il en s'efforçant de bannir toute tristesse de sa voix, et rappelez-vous tout ce que vous verrez et tout ce que vous ferez pour pouvoir me le raconter, afin que personne ne sache jamais que je n'étais pas avec vous, prince Héraclès. Je veux savoir tout ce que vous aurez ressenti et pensé. Je veux savoir à quel point vous aurez été glorieux au royaume des morts. Je veux pouvoir me vanter de ce que vous aurez fait et pouvoir dire plus tard, quand les gens parleront d'autres héros : « Ah, si vous aviez vu le prince Héraclès ! »

– Quel est le meilleur souvenir que tu garderas de moi, Iolas ? Mon combat contre le taureau de l'île de Crète ?

– Je vous verrai tel que vous êtes aujourd'hui, prince Héraclès. Au sommet de votre gloire, évidemment.

Héraclès sourit avec reconnaissance, mais songea – non sans se sentir un peu coupable – que le souvenir qu'il garderait d'Iolas n'était pas celui du splendide jeune homme, mais celui de l'enfant passionné, effronté, qui le harcelait avec son couteau d'anniversaire pendant qu'il dépeçait le lion de Némée.

Ils se firent leurs adieux – assez banals, comme tous les adieux – et Iolas repartit pour Mycènes tandis qu'Héraclès continuait vers le sud et Ténare, qui passait pour abriter l'une des entrées du royaume d'Hadès.

Il marcha toute la nuit en cherchant à tout oublier pour pouvoir concentrer ses pensées sur la tâche qui lui avait été assignée. Il essaya de s'imaginer aux prises avec le gigantesque gardien des enfers comme si ce combat était déjà gravé dans la pierre. Il s'efforça même de trembler à la perspective de ce qui l'attendait, mais il eut beau lutter farouchement pour maîtriser ses pensées, il fut incapable de repousser une insidieuse armée d'incertitudes et d'angoisses qui n'avaient rien à voir avec Cerbère.

Il redoutait le poids des ans qui commençaient à lui peser, la baisse de sa vision et le ralentissement de ses pensées. Une fois déjà, il avait affronté et vaincu le dieu de la Mort, lorsqu'il avait délivré Alceste, mais il était alors jeune, en possession de tous ses moyens. Maintenant, il allait affronter ce dieu chez lui, dans son propre domaine... le même dieu, mais pas le même Héraclès.

Il avala péniblement la grosse boule qui lui obstruait la gorge et se passa la main sur le front. Ce n'était pas Hadès qu'il redoutait, mais les fantômes, ceux qui se dresseraient devant lui et ceux qui seraient derrière son dos. Allait-il rencontrer les enfants qu'il avait assassinés ? Comment le regarderaient-ils ? Porteraient-ils encore les hideuses blessures que sa folie leur avait infligées ? Serait-il capable de leur tendre les bras et d'implorer leur amour et leur pardon ?

Voilà les soucis qui l'obsédaient et ralentissaient sa marche. Il arrivait au bout de la sanction infligée par les dieux, et il est exact que la douleur causée par son chagrin et ses remords n'était plus guère qu'une vague mélancolie. Mais elle était toujours là, et la pensée d'affronter son crime était plus horrible que tous les monstres engendrés par le cerveau d'Eurysthée.

La mort d'un lion et de l'hydre avait-elle compensé celle de huit enfants innocents ? Était-il réellement prêt à regarder ses actes en face ? Sinon, combien d'années de sa vie lui faudrait-il encore sacrifier pour libérer sa conscience ? Peut-être ne serait-elle jamais libérée ? La part de son existence qu'il y avait consacrée n'était peut-être qu'ironie et illusion ? Peut-être la sanction elle-même était-elle dépourvue de sens, et son humble soumission n'était-elle qu'une vaine complaisance n'ayant rien de commun avec le repentir ?

L'aube n'était pas encore levée. Le ciel et la terre étaient aussi sombres que les pensées d'Héraclès. Il ignorait à quelle distance il se trouvait encore de

Ténare et n'était même pas certain de suivre la bonne route. Il finit par atteindre un cours d'eau large et paisible. Distinguant mal la rive opposée, il décida d'attendre, pour le franchir à la nage, que le jour se lève.

Ce répit fut le bienvenu. Tout son corps était douloureux des fatigues du voyage. Il sourit tristement. Cet effet de l'âge étant une sanction qui frappait tout le monde, il pouvait difficilement en revendiquer les bénéfices à son seul profit. Iolas lui-même la subirait un jour... et qu'avait-il fait, *lui,* pour la mériter ? A ce moment-là, il regretta vivement l'absence d'Iolas et de sa voix posément raisonneuse. Comme cet enfant s'était harmonieusement développé ! Quel magnifique jeune homme il était devenu !

Soudain, un clapotis d'eau troubla le cours de ses pensées. Une barque approchait, manœuvrée par un batelier très vieux et très maigre. C'était une embarcation pitoyable, rafistolée, bancroche et visiblement prête à rendre l'âme et à couler avec un grognement et un soupir.

– Puis-je vous traverser ? proposa le vieil homme en crachant dans l'eau comme pour se porter chance.

Héraclès examina la barque d'un œil dubitatif.

– Vous paraissez être un philosophe, mon ami, dit le batelier. Je ne sais pas où vous allez, mais dites-vous bien que tous les chemins conduisent finalement au royaume d'Hadès. Si nous coulons, vous y arriverez seulement un peu plus vite, ce qui vous épargnera peut-être un voyage plus pénible.

– Mais moi, au moins, je tiens à en revenir.

– Ah oui, bien sûr. N'est-ce pas notre désir à tous ? (Le vieil homme cracha à nouveau dans l'eau et s'assit à l'extrême bord de sa barque pour faire place à Héraclès.) Venez, monsieur : c'est une bonne nuit pour passer l'eau.

Héraclès sourit et crut le vieil homme sur parole. Bien que le canot fît eau et embarquât par tous ses bastingages, il parvint miraculeusement à rester à flot, et le vieillard poussa vigoureusement sur sa perche. Lorsqu'ils atteignirent la rive opposée, Héraclès sauta à terre et se retourna pour remercier le vieux batelier et le féliciter d'être aussi bien conservé pour son âge, mais l'invraisemblable embarcation était déjà repartie comme si des foules impatientes attendaient son retour.

Il faisait toujours nuit, et Héraclès attendit que ses yeux s'accoutument à l'obscurité. Pour autant qu'il pouvait s'en rendre compte, le pays, plat et monotone, n'avait rien de particulier. Il chercha en vain à distinguer l'horizon et crut apercevoir une ligne vaguement lumineuse qui ondulait comme sur des moutonnements. Il se mit en marche dans cette direction, et le sol spongieux qui étouffait le bruit de ses pas donnait à son cheminement silencieux quelque chose d'irréel.

Partout régnait un silence étrange, tendu, comme celui qui s'abat parfois sur un navire qui s'approche du port après un long voyage. Les rares bruits soulignaient ce silence plus qu'ils ne le dissipaient, et les lointains aboiements d'un chien étaient séparés par de longs intervalles.

A mesure qu'Héraclès avançait, la ligne lumineuse qu'il avait prise pour la première lueur de l'aube parut diminuer jusqu'à ce qu'il ne restât plus qu'un point d'argent pour le guider. Il supposa que ce phénomène était dû à la présence d'arbres invisibles qui lui bouchaient la vue quand il s'en approchait. Cette hypothèse sembla confirmée par une odeur de cyprès – ou d'une autre essence aromatique – qui laissait supposer qu'il avait pénétré dans un parc bien entretenu...

Il fit une pause. Le point lumineux qu'il avait pris pour but s'était mis à grossir. Héraclès fronça les sourcils. Bien qu'il fût arrêté, le point continuait à grandir. Il s'allongeait, s'élargissait...

Héraclès encocha une flèche sur son arc. Un homme vêtu d'une armure d'argent lui barrait le passage.

– Vous venez de Calydon ?

Si l'aspect de l'inconnu était menaçant, sa voix était douce et son ton pressant.

– Non. Je m'appelle Héraclès et je viens de Mycènes.

– Il y a, à Calydon, une femme qui s'appelle Déjanire*. Vous ne savez pas ce qu'elle devient ?

L'inconnu était très jeune. Son visage anxieux était presque puéril.

– Qui êtes-vous ?

– Rien. Personne. Mais vous voulez bien aller à Calydon et chercher Déjanire ? Elle est très belle, croyez-moi. Mais elle est tellement solitaire...

– Je lui dirai que je viens de la part de qui ? Rien ? Personne ? Elle comprendra de qui il s'agit ?

– De son frère... Dites-lui que c'est Méléagre qui vous envoie.

– Mais Méléagre est mort.

L'inconnu regarda fixement Héraclès, puis baissa la tête comme s'il avait honte.

– J'ai été Méléagre, Héraclès. Je vous le jure. J'ai chassé à Calydon en compagnie d'Atalante. C'est la vérité, je vous en donne ma parole. Pélée était là, ainsi que Jason et Admète. C'est moi qui ai tué le fameux sanglier. J'étais un prince et un héros, Héraclès. Rien ne peut m'ôter cela. Ni vos regards soupçonneux ni vos dangereuses flèches ne peuvent modifier ce que j'ai été !

Une nuance d'orgueil traversa le visage blême de l'inconnu.

– Je suis une ombre, Héraclès, un fantôme... mais un fantôme glorieux. Les morts sont puissants, Héraclès. Rien ne peut nous atteindre. Nous sommes comme le marbre qui ne s'effrite jamais, qui ne s'altère jamais !

Alors qu'un tel défi aurait dû être lancé avec un cynisme claironnant, celui-là ne fut qu'un chuchotement bredouillant, car l'ombre commençait à s'étioler sous l'effet de vents invisibles. A la dernière extrémité, le fantôme du grand Méléagre renonça à sa superbe et redevint implorant.

– Vous avez des nouvelles de Calydon ? Avez-vous vu une femme, là-bas, une princesse solitaire ? Elle s'appelle Déjanire. Comment va-t-elle, Héraclès ? Faites-lui mes amitiés... amitiés... amitiés...

Le silence retomba. Au loin, le chien aboyait toujours. Ce cri désolé fit frissonner Héraclès qui comprit alors que le cours d'eau qu'il avait traversé était le fleuve Styx. Il avait pénétré dans le royaume d'Hadès, et le chien qui aboyait était Cerbère, le gardien à trois têtes des enfers.

Le dieu de la Mort arpentait ses jardins. Plus grand qu'Héraclès de la largeur d'une main – il surpassait tous les humains de la largeur d'une main –, il contournait les strictes plates-bandes en s'arrangeant pour que les pans de sa tunique se soulèvent et émaillent la nuit de petites explosions noires. L'obscurité dissimulait l'expression de son visage, mais il n'en émanait pas moins de lui, à chaque virage, une impression de vigilance qui flottait dans les ténèbres comme une toile d'araignée.

En attendant sa décision, Héraclès ne pouvait chasser de son esprit des pensées incongrues. « Ce dieu, songeait-il, avait quelque chose de théâtral... presque un soupçon d'ostentation », et il éprouvait quelque difficulté à se convaincre que c'était bien contre ce redoutable personnage qu'il s'était battu sur la route d'Aornum pour libérer Alceste.

Il essaya de réprimer le sourire qui crispait les coins de sa bouche, un sourire non pas de gaieté, mais de soulagement... Aucune autre ombre n'était venue le troubler, ses fantômes étaient exorcisés. Ils l'avaient oublié, même si lui ne les avait pas oubliés...

– Ainsi, tu prétends emmener mon chien à Mycènes ?

Un temps considérable semblait s'être écoulé pendant qu'Hadès faisait les cent pas en réfléchissant à la requête d'Héraclès.

– Eh bien, emmène-le, Héraclès, mais sans faire usage d'aucune arme... en te servant uniquement de tes mains.

Le dieu se remit à déambuler en marquant chaque virage d'une petite surprise noire.

– Il a trois têtes, Héraclès, alors que tu n'as que deux mains. Comme tous les habitants de ce royaume, il est hors d'atteinte pour toi.

Le dieu leva la main et son chien, Cerbère, vint se coucher à ses pieds. Trois têtes surmontaient son poitrail massif, et une queue barbelée de fer battait ses flancs. Il lança un regard meurtrier à Héraclès qui eut un mouvement de recul devant ce monstre qui semblait être tout en yeux et en crocs. C'était un chien, mais difforme et effroyable... un affront à la nature.

Comme si la bête avait senti le dégoût d'Héraclès, un grondement sortit des profondeurs noires de ses trois gueules.

Laquelle de ces trois têtes Héraclès allait-il empoigner ? Elles étaient toutes trois également horribles, également armées de crocs empoisonnés.

« Et alors, je me suis emparé de lui, Iolas », songea soudain Héraclès. « Mais comment avez-vous fait, prince Héraclès ? Vous n'avez pas une seule marque de morsure... » « Il avait beau être le gardien des enfers, Iolas, ce n'était jamais qu'un chien. »

Les mots dansaient dans sa tête. Il leva sa massue en bois d'olivier...

– Pas d'arme, Héraclès, rappela le dieu dont la voix tonna dans les ténèbres opaques.

– Pas d'arme, Hadès.

Et Héraclès lança sa massue au loin pour que Cerbère aille la chercher. Aussitôt, le monstre bondit, grognant et aboyant et, pendant que ses trois têtes se disputaient férocement la possession de la massue, Héraclès le saisit à bras-le-corps et le souleva de terre, écumant de fureur et cherchant vainement à mordre.

– Trois têtes, seigneur Hadès, ne valent pas toujours mieux qu'une !

Mais le dieu de la Mort était parti, et Héraclès savoura son triomphe tout seul.

L'esclave fardé

Un homme très, très vieux, presque aussi vieux que les collines qu'il gravissait si péniblement, fit halte dans une chaumière, aux alentours de Tégée, pour se rafraîchir. Le paysan lui servit du vin d'orge dans une coupe décorée dont il examina les peintures en plissant les yeux. La naïveté des dessins amena un sourire désabusé sur ses lèvres. L'un des motifs représentait un homme aussi gracieux que musclé, mi-luttant mi-dansant avec un gigantesque chien affligé de trois têtes. Le même sujet, exécuté en marbre de couleur, emplissait les échoppes de Sparte et de Leuctres, les villes qu'il venait de traverser. Certains artistes avaient même reconstitué la scène avec des coquillages et du sable et, assis par terre à côté de leur œuvre, ils offraient aux passants le récit des témoins oculaires ayant vu le prince Héraclès passer sur la route de Mycènes en portant dans ses bras Cerbère, le chien des enfers.

Le vieillard ricana dans son vin, et le paysan qui avait eu pitié de lui fronça les sourcils d'un air réprobateur. Il se trouvait que c'était lui qui avait décoré la coupe. Et il le dit.

L'aède se confondit en excuses. Il était trop vieux et trop pauvre pour se risquer à offenser qui que ce fût. Bien qu'il fût sûrement tout près de la tombe, il ne voulait pas y aller avant son heure ni laisser un mauvais souvenir derrière lui.

– Il est venu ici, vous savez, dit le paysan. Héraclès en chair et en os. Il arrivait de Ténare avec le chien des enfers qui gueulait à vous casser la tête, à croire qu'on vous tapait dessus à coups de marteau. Et puis il a continué jusqu'à Mycènes, où il s'est arrêté devant les remparts parce qu'on n'a pas voulu le laisser pénétrer dans la ville. Il paraît qu'il y est resté des heures, à attendre que le roi daigne lui faire connaître son bon plaisir. Je tiens ça de mon frère, qui y a assisté. Il m'a raconté que les ombres des trois têtes du chien s'élevaient jusqu'au sommet des murs en donnant de tels coups de dents qu'on aurait dit que c'était elles qui avaient découpé les créneaux en mordant les pierres.

L'aède acquiesça. Sa tête était pleine de récits d'Héraclès et de ses travaux, mais c'était invariablement un frère ou un ami qui avait vu le héros, jamais le conteur lui-même. Bon, d'accord, il lui arrivait aussi d'en faire autant. Néanmoins, c'était toujours du grain pour son moulin. Il collectait tout ce qu'il trouvait et le réunissait pour en faire de quoi payer un repas et un lit dans une demeure suffisamment écartée pour qu'on n'y ait pas encore entendu parler d'Héraclès, de Méléagre ou d'Atalante.

– Mon frère a dit que c'était un spectacle positivement stupéfiant. Ce qui l'avait le plus frappé, c'est la patience du prince Héraclès. Et c'est ça que j'ai essayé de rendre dans ma peinture...

Le paysan prit la coupe des mains tremblotantes du vieillard et souligna le profil d'Héraclès d'un index étonnamment délicat. Après quoi il parla longuement de son frère : c'était l'homme d'affaires de la famille, à qui son opulence inspirait le plus profond respect. Il voyageait par monts et par vaux pour vendre les poteries que le paysan peignait, ce qui lui faisait visiter bien des endroits et voir bien des merveilles. Chaque fois qu'il revenait à Tégée, c'était avec le récit de quelque nouveau prodige que le paysan sédentaire et artiste allait pouvoir illustrer. Il avait vu le taureau de l'île de Crète et failli être donné en pâture aux juments carnivores du roi Diomède, mais jamais, de toute sa vie, il n'avait rien vu d'aussi extraordinaire que le prince Héraclès, fustigé par la queue de fer de Cerbère, attendant sans faire un geste le bon plaisir du roi Eurysthée.

– A ce moment-là, il lui aurait suffi de lâcher le chien des enfers pour être libre à tout jamais ! dit le paysan en contemplant son œuvre. Il ne serait pas resté pierre sur pierre de Mycènes, dont le tyran aurait été massacré. Il était comme Prométhée, a déclaré mon frère, subissant des souffrances inimaginables alors qu'il lui aurait été si facile d'y échapper. Parce que nous ne devons jamais oublier, nous autres mortels, que Prométhée serait libre depuis longtemps s'il n'avait pas averti le tout-puissant Zeus du danger que présentait l'enfant que porterait Thétis.

– Qu'est-ce que vous me racontez là ? demanda vivement l'aède. Je n'ai jamais entendu parler de cela.

– Parfaitement, répondit le paysan d'un air entendu. C'est mon frère qui me l'a expliqué. Une prophétie a annoncé que l'enfant de Thétis serait plus puissant que son père. Prométhée l'avait appris d'une manière ou d'une autre – comment, c'est un mystère, vu qu'il est continuellement enchaîné – et il savait que si Zeus engendrait un tel fils, il serait détrôné par lui. Il avait donc tout intérêt à garder la chose secrète car, si Zeus était détrôné, lui, Prométhée, serait certainement libéré par le nouveau roi des cieux.

– Et il a averti Zeus ? demanda l'aède incrédule. Cela paraît à peine croyable. A dire vrai, ajouta-t-il à mi-voix en examinant la coupe peinte, il y a pas mal de choses qui me semblent difficiles à croire.

– D'après mon frère, rétorqua sèchement le paysan, ça s'est passé une nuit d'été sur une plage de Thessalie. Thétis est arrivée sur le rivage complètement nue, portée par un dauphin. Il semble que Zeus l'ait aperçue... et, sans vouloir l'offenser, vous connaissez le tout-puissant Zeus ! Il fonçait sur elle, tout feu tout flammes, quand Prométhée a poussé un grand cri et l'a prévenu du danger. D'après mon frère, c'était de justesse.

– Mais pourquoi Prométhée aurait-il alerté son ennemi ?

– C'est exactement ce que mon frère s'est demandé. Et il s'est posé la même question au sujet du prince Héraclès, qui aurait également pu anéantir son ennemi et ne l'a pas fait. Les grands personnages ont parfois des comportements surprenants.

En ce qui me concerne, j'aime à croire que c'est parce qu'ils sont plus généreux que nous... ou peut-être parce qu'ils obéissent à une mystérieuse loi plus importante que la justice. Mais mon frère – qui ne s'en laisse pas conter, faites-moi confiance – pense que c'est parce que ces grands personnages sont souvent assez naïfs pour s'imaginer que, sous prétexte qu'un service rendu doit logiquement être payé de retour, ils sont sûrs d'être récompensés. Quoi qu'il en soit, Prométhée est toujours enchaîné sur son rocher, à ce qu'on dit, et le prince Héraclès, d'après mon frère, n'est guère mieux loti. Mon frère était ici le mois dernier, et il a dit que si la gratitude est en route, ses pieds sont particulièrement lents.

Le vieil homme quitta Tégée. L'allusion du paysan à la lenteur des pieds lui était allée droit au cœur. Ces derniers temps – les ultimes années de sa très, très longue existence –, ses pieds étaient son principal souci. La moindre douleur, le moindre craquement de ses articulations percluses de rhumatismes l'emplissait d'appréhension, car il redoutait de ne plus pouvoir se déplacer, et le spectacle permanent – il levait rarement les yeux – de ses pieds tendineux, desséchés, dépassant à peine des lambeaux de sa vieille tunique, faisait naître en lui toutes sortes de conjectures sur les raisons pour lesquelles ils l'emmenaient dans une direction plutôt que dans une autre. Pourquoi, par exemple, clopinait-il vers l'est quand la chaleur dont il avait besoin se trouvait au sud ? Pourquoi rêvait-il de mer et de bateaux alors qu'il se portait tellement mieux sur la terre ferme ?

Étant enfant, il aurait dit que les dieux guidaient ses pas. Adulte, il aurait attribué cela au destin.

Mais maintenant, avec la terrible lucidité de la vieillesse, il ne croyait plus ni aux dieux ni au destin. Il ne croyait plus qu'en lui-même : tout le reste n'était qu'un rêve. Son seul but, dans la vie, était de la vivre jusqu'à la dernière seconde. D'ici peu, il ne resterait de lui qu'un petit tas d'ossements et un ramassis d'histoires enchevêtrées. Ces histoires lui serviraient d'épitaphe et, jusqu'à son dernier souffle, il ne pouvait rien faire d'autre que continuer à vagabonder en les racontant. Mais pourquoi vers l'est, pourquoi vers la mer ?

Il atteignit la côte à Midée, où il trouva rapidement un passage sur un navire en partance pour Smyrne, en Lydie. Distraitement, il se demanda s'il reverrait jamais la terre. Ces derniers temps, il avait eu des pressentiments de mort en mer, ou près de la mer.

Il n'était d'ailleurs pas le seul à se poser des questions. Le capitaine de la galère avait le même genre de pressentiments. L'aède lui paraissait aussi fragile qu'une brindille de bois sec. Néanmoins, le destin, les dieux ou son inextinguible soif de vivre le protégèrent et, lorsque la galère atteignit Smyrne, le vieux chanteur ambulant était toujours en vie. Il était même revigoré par l'air marin et tout prêt à raconter des histoires en Lydie, où Atalante, Méléagre et Héraclès de Thèbes ne devaient être connus que par de vagues rumeurs apportées par le vent.

La reine s'appelait Omphale. C'était une veuve capiteuse, dans les derniers éclats d'une longue maturité. Son mari, tué quelques années plus tôt par un taureau sauvage, avait été un parangon de toutes les perfections de la nature, à tel point qu'aucun autre homme – et beaucoup d'entre eux avaient courtisé la veuve – ne pouvait lui être comparé, sauf sur quelque détail. Mais Omphale*, qui était une femme généreuse, aimait à se rappeler les mérites de chacun. Sur un piédestal trônait la reproduction en marbre du pied de l'un de ses amoureux, sur une table celle de la main et du poignet d'un autre, jugés dignes d'admiration, tandis que sur un divan était allongée une jambe réellement magnifique, saisie par l'artiste dans un moment de puissant abandon. Ces fragments, auxquels elle avait tenu à rendre hommage, avaient égalé en perfection ceux du roi défunt, mais l'homme capable d'égaler celui-ci en totalité n'était pas encore né.

Cette obsession d'un impossible idéal, ce culte en pièces détachées, irritèrent l'aède... qui se garda bien de le montrer. Cela semblait presque être un affront à sa propre imagination qui, sans conteste, se dressait comme un pic altier au-dessus du modeste monticule de celle de cette bourgeoise de province. Aussi défraîchi et pitoyable que l'aède pût paraître extérieurement, sa tête recelait intérieurement des splendeurs qui, sur tous les plans, surpassaient de loin la réalité.

– Il était une fois un homme, commença-t-il en réchauffant ses membres flétris devant un grand feu, qui aurait pu égaler votre roi lui-même, mais je vous concède que cela se passait il y a bien longtemps. Et il se pourrait, continua-t-il en jetant un regard circulaire sur les reproductions en marbre d'éléments de beaux mâles, que comme vous, reine Omphale, j'aie rassemblé des pièces et des morceaux provenant de plusieurs héros différents pour composer un héros imaginaire. Je ne dis pas que c'est le cas, je dis seulement que c'est possible. Quoi qu'il en soit, madame, cet homme – si tant est qu'il ait existé – était né à Thèbes...

La reine sourit, mi-malicieuse mi-menaçante, comme pour avertir l'aède qu'il n'avait pas intérêt à déprécier les rêves royaux mais, comme elle était incapable de résister à l'attrait d'une bonne histoire, elle s'installa confortablement, une main battant la mesure pour accompagner la lyre du vieillard tandis que l'autre gavait de sucre d'orge son dernier caprice, un esclave fardé qu'elle avait acheté à un voyageur et s'amusait à habiller de vêtements féminins.

– Continue, vieil homme...

Et l'aède chanta la ballade d'Héraclès et de ses travaux, tous plus extraordinaires les uns que les autres. Sa voix cassée, éraillée, qui s'élevait parfois jusqu'à un glapissement passionné, décrivit un jeune homme tellement mirobolant que la reine qui l'écoutait sentit son cœur s'emballer et ses yeux s'emplir de larmes.

Traqué par la folie et la vindicte d'Héra, ce jeune homme prit sa terrible faute tellement à cœur qu'elle devint une sorte de vertu. Aucune tâche n'était trop dure ou trop avilissante : seul son accomplissement importait.

– Cependant, cet Héraclès était toujours doux...

– Comme mon mari, murmura la reine en tapotant la joue de l'esclave fardé.

– Et cet Héraclès était la bonté même, aussi bien avec les vieux qu'avec les jeunes.

– Encore comme mon mari.

– Il avait la patience de Prométhée...

– Mon mari aussi.

– Et quand, finalement, on lui infligea son dernier travail, il inclina humblement la tête, bien que la tâche qu'Eurysthée exigeait de lui fût impossible.

– En quoi consistait cette tâche impossible ?

– Il y a bien longtemps de cela, lorsque la reine des cieux se maria, Gaia, la Terre mère, lui fit don d'un pommier d'or qu'elle planta dans son jardin, entre le ciel et la terre. Les Hespérides, filles du Titan Atlas, s'en occupèrent, et un dragon enroulé autour de son tronc fut chargé de le garder. « Va me chercher les fruits de cet arbre, ordonna Eurysthée. Rapporte-moi les pommes d'or des Hespérides. » Et Héraclès quitta Mycènes et commença à parcourir le monde à la recherche du jardin des Hespérides.

– Et il l'a découvert, ce jardin imaginaire aux fruits chimériques ? Dis-moi vite, vieil homme !

L'aède sourit et secoua la tête. Il était trop expérimenté pour répondre par oui ou par non et couper ainsi les ailes à son récit.

– Un jour, au bord du fleuve Pô, il aperçut un homme encore plus vieux que moi. Ce patriarche dormait la tête au soleil et tout le bas du corps dans l'eau. Craignant qu'il ne glisse et ne se noie, Héraclès se pencha sur lui pour le tirer par les épaules, mais le vieillard se transforma aussitôt en poisson, et il se serait enfui si Héraclès ne l'avait pas retenu par une nageoire. Ce vieil homme était Nérée, le dieu marin...

– Tu crois donc aux dieux ? murmura la reine en essuyant ses doigts poisseux sur la tunique de l'esclave.

– Peu importe ce que je crois, madame, répondit l'aède dont les yeux embués clignotèrent. Héraclès, lui, y croyait... c'est pourquoi il a réussi. C'est le dieu marin qui lui indiqua l'emplacement du jardin et la manière dont il pourrait se procurer les pommes d'or.

– Et où se trouvait-il, ce merveilleux jardin ?

– Au-delà des flots du Titan Océan, là où Atlas porte la voûte des cieux.

– Et ton Héraclès l'a réellement atteint ?

– Il l'a atteint, madame. Il a tué le dragon qui gardait l'arbre et porté les cieux sur ses épaules pendant qu'Atlas cueillait les pommes d'or.

La reine éclata de rire en exhibant deux rangées de dents éblouissantes.

– Un jour, mon mari m'a soulevée dans ses bras, et il a dit qu'il portait les cieux, lui aussi ! Mes cheveux étaient les nuages et mes yeux les étoiles... Mais dis-m'en plus long, vieil homme, continua-t-elle en se ressaisissant. Qu'est devenu ton Héraclès, lorsque ses travaux ont été terminés ? Il s'est fixé quelque part et a fondé une famille ? A-t-il tiré parti de sa célébrité, comme il serait logique que le fasse un homme de sa trempe ?

L'aède fronça les sourcils avec perplexité. La légende d'Héraclès s'arrêtait là. Personne ne parlait jamais de lui après la fin des travaux. De vagues rumeurs prétendaient qu'il aurait été élevé jusqu'à l'Olympe pour s'asseoir à côté de Zeus, son père, et d'autres, plus sinistres, que la folie se serait à nouveau emparée de lui et qu'il aurait été maudit une fois de plus.

– Eh bien, vieil homme ? A l'heure qu'il est, ton héros doit être marié et faire un bon époux. Qu'est devenue la sœur solitaire de ce pauvre Méléagre ? Peut-être a-t-il épousé Déjanire, en fin de compte, et planté un pépin de pomme d'or dans son jardin pour faire pousser un pommier ? Raconte-moi ce qui est arrivé. J'aime les histoires qui finissent bien, vieil homme. Je ne veux pas penser à ton Héraclès errant comme une âme en peine.

Mais l'aède eut beau se creuser la cervelle, il ne parvint pas à imaginer une issue heureuse susceptible de donner satisfaction aussi bien à lui qu'à la reine, qui se révélait étonnamment pointilleuse. A plusieurs reprises, il faillit improviser mais, chaque fois, ses regards croisèrent ceux de l'esclave dorloté, maquillé... et ses velléités héroïques sombrèrent dans le dégoût.

Cet individu, jadis musclé mais maintenant empâté, n'arrêtait pas d'humecter ses lèvres peintes et de passer un doigt sur ses paupières encroûtées de fard comme si l'histoire du célèbre héros le rendait conscient de sa propre déchéance.

– Tiens, mon biquet, lui dit la reine en lui offrant une sucrerie. Tiens, mon gros balourd chéri... ne pleure plus pour Héraclès. Mange, dors et fais de beaux rêves.

Docilement, l'esclave ouvrit la bouche au sucre d'orge et des larmes coulèrent sur ses joues enluminées.

L'aède éprouva un pincement de pitié pour lui et, quand il alla se coucher dans la salle des serviteurs, il rêva du visage avili de l'esclave, derrière lequel semblait se cacher le fantôme d'un autre visage contemplant tristement le monde extérieur. Il se surprit à souhaiter n'être jamais venu à Smyrne et n'avoir jamais éveillé, par ses récits, autant de chagrin et de regrets.

– Pourquoi es-tu venu, vieil homme ? murmura tout bas l'esclave en se glissant hors de sa couche, aux pieds de la reine endormie.

Il sortit de la chambre en emportant le coffre contenant ses affaires personnelles, traversa la cour en tapinois et se faufila entre les grilles qui étaient toujours ouvertes parce qu'aucune serrure ne pouvait tenir à l'écart la seule chose que redoutait Omphale.

Une fois dehors, il se débarrassa de ses vêtements féminins et plongea le visage dans un ruisseau voisin, dont son épaisse couche de rouge transforma l'eau en sang. Après quoi il ouvrit le coffre et en tira une vieille peau de lion raidie. Il l'arrosa de ses larmes, puis s'en drapa soigneusement et essaya de prendre une attitude d'autrefois... celle qu'il avait en affrontant le fauve dont la peau pendait maintenant sur son dos comme des ailes brisées.

– Père Zeus, pria-t-il, laissez-moi achever mon histoire moi-même.

Et Héraclès partit dans la nuit.

La gratitude de Zeus

Qu'est-ce que les dieux lui voulaient encore ? Pourquoi ce vieil homme était-il venu d'aussi loin, sur des pieds usés pratiquement jusqu'à l'os, pour le torturer avec des récits de la glorieuse jeunesse d'Héraclès ? Un homme si âgé aurait dû renoncer depuis longtemps à courir les routes. Les dieux auraient pu le laisser en paix. Il avait sûrement mérité une fin paisible.

– Pourquoi, père Zeus ? Pourquoi, quand nous n'avons plus faim, nous obligez-vous à gagner notre pain quotidien ?

Mais la question resta sans réponse et Héraclès poursuivit son chemin.

– Que reste-t-il à faire pour mes pareils ? se demanda-t-il en répétant avec une grimace la question que lui avait posée Iolas.

Il avait accompli les douze travaux et expié ainsi le meurtre de ses enfants. Il aurait dû être libre. Mais l'abominable folie l'avait poursuivi. Bien qu'il ait fait plus que n'avait jamais fait aucun être humain – ni même aucun dieu –, le petit ver tapi dans sa tête l'avait fait rechuter. Un homme l'ayant accusé de vol, il l'avait tué, dans une brusque flambée de rage, en le précipitant au bas d'une falaise. Sa sanction avait été une année d'esclavage.

Il s'était montré un esclave doux et docile en arrivant à se réjouir de l'humiliation qui compensait équitablement son orgueil meurtrier. Finir ses jours dans l'obscurité parfumée de la cour d'Omphale ne lui aurait pas déplu. Il était las, las de la gloire, las de la culpabilité, las de la justice éternelle.

Il était sûrement en règle avec le monde. Ce qu'il avait fait, il l'avait payé. Les meurtres étaient effacés... et les travaux aussi. Volontairement, il avait sacrifié la gloire qu'ils lui valaient en échange de l'oubli. En toute équité, il aurait dû avoir la conscience aussi limpide qu'au jour de sa naissance. Et cependant, un vieux bonhomme avait été amené là dans le seul but de lui rappeler ce qu'il avait acquis le droit d'oublier.

La fierté qu'éprouvait le vieil aède pour son Héraclès personnel l'avait beaucoup ému... et avait donné naissance à une nouvelle culpabilité. Tristement, Héraclès s'était rendu compte qu'il portait la responsabilité de plus d'actions d'éclat qu'il n'en avait réellement accomplies. Qu'est-ce que Iolas lui avait donc suggéré ? Porter la voûte des cieux ? Il l'avait fait. Cueillir les pommes d'or du jardin des Hespérides ? Il les avait cueillies. Alors, que restait-il ? Héraclès comprit... et soupira. Puis ses jambes lasses prirent la direction du nord.

Une nuit paisible, merveilleusement tranquille, pendant laquelle les plaies cicatrisaient et les espérances sombraient dans un sommeil sans rêves. Rien à redouter, en dehors de l'aube.

Une fois, il avait vraiment conçu un espoir, mais celui-ci était maintenant évanoui et c'était aussi bien. Le Titan Prométhée sourit dans sa prison de glace en se rappelant que c'était lui qui avait sauvé son ennemi, mettant ainsi un terme à l'espérance.

Il ne le regrettait pas. Le jour n'allait pas tarder à se lever et, avec lui, apparaîtrait le vautour au bec de fer venant lui dévorer le foie. Il savait qu'il hurlerait de douleur, mais il savait aussi que la nuit succéderait au jour et lui apporterait une paix salvatrice.

Sachant maintenant que ses tourments n'auraient jamais de fin, il se repliait complètement sur lui-même et essayait de construire un monde dans sa tête. Ce monde-là serait infiniment plus beau que celui dans lequel se chamaillaient ses malheureuses créatures. Cette fois, les hommes dont il le peuplerait seraient un peu moins imparfaits...

Au-dessus de lui, les rochers brillaient à la lueur des étoiles. La brume de l'aube n'avait pas encore commencé à se lever. Très loin, à une distance qui semblait considérable, il apercevait la mer, aussi lisse et immobile qu'une dalle de marbre noir. Une traînée d'argent révélait la présence d'un navire effilochant son sillage.

Toujours fasciné par les petites choses, Prométhée vit ce sillage s'incurver et disparaître. Le navire s'était arrêté. Une pointe d'aiguille s'en détacha et griffa la surface de l'eau jusqu'au rivage.

L'immensité de la distance rendait l'exploit presque impensable. Cette pointe d'aiguille était un mortel, pas plus gros qu'une mouche, qui se mit à escalader les rochers avec des mains et des pieds trop petits pour être visibles. Il lui arrivait parfois de disparaître dans une crevasse abrupte, d'où il ressortait en se cramponnant douloureusement à des lames de glace tranchantes comme des lances. Il s'élevait régulièrement, mais la brume de l'aube commençait déjà à former de longues écharpes de blancheur. Maintenant, le grimpeur restait caché plus longtemps, n'apparaissant plus que brièvement, en train de ramper au travers d'une déchirure de la vapeur. Une fois, il faillit tomber et Prométhée, horrifié, retint son souffle : être rejeté ainsi dans un monde de souffrance et d'efforts était par trop cruel. Et puis le grimpeur réapparut sur un fragile replat où il se dressa de toute sa taille et, pardessus la vaste étendue déchiquetée dont les ténèbres se dissipaient, il salua de la main son créateur enchaîné.

Prométhée ne put s'empêcher de pleurer en voyant cet être minuscule et indomptable lui rendre hommage mais, avant d'avoir pu l'appeler ou le saluer à son tour, il entendit le bruissement des ailes du vautour et baissa la tête pour que l'homme qui l'observait ne le voie pas subir la première de ses atroces souffrances.

Et puis il réfléchit que cette tentative puérile pour dissimuler son visage torturé serait une trahison... une lâcheté vis-à-vis du mortel qui était venu de si loin et avait grimpé si haut, et il releva les yeux.

L'homme avait bandé un arc. Une flèche y était déjà encochée. Intensément, l'archer observait le vol du vautour en suivant chaque changement de direction, chaque piqué. Et il tira. La flèche fendit l'air comme un trait de lumière et atteignit le vautour au sommet de sa trajectoire. Elle pénétra dans l'œil de l'oiseau et lui traversa la cervelle en le faisant passer de vie à trépas si vite que ses grandes ailes battirent encore trois ou quatre fois sur leur lancée avant qu'il ne tombe comme une pierre.

Alors, le merveilleux archer bondit de rocher en rocher, de piton en piton, comme s'il avait acquis la puissance de l'oiseau qu'il venait d'abattre. Il atteignit l'éperon sur lequel se tenait Prométhée et brisa les chaînes qui retenaient le Titan prisonnier depuis mille ans. La gratitude de Zeus avait pris son temps pour se manifester. Il avait fallu pour la déclencher qu'un homme très, très vieux fasse un long voyage, mais elle avait fini par agir.

Le vent se leva et balaya le Caucase en bousculant les brumes de l'aube et en éparpillant çà et là des traînées d'orange et d'or. Il ébouriffa les plumes du vautour mort, dont la très vieille tête, transpercée par la flèche, se balança en cognant sur un rocher.

Le grand événement qui venait de se produire avait été silencieux et discret. Pas un seul cœur humain ne battit plus vite, pas un seul rêve humain ne fut brusquement illuminé lorsque Prométhée, créateur de l'humanité, fut enfin libéré.

– Zeus, je te remercie, murmura Prométhée.

– C'est Héraclès qui vous a libéré...

– Faut-il que je te remercie également, Héraclès ?

– Non... non. Maintenant, je m'en rends compte. Si ce n'avait pas été moi, ç'aurait été un autre. Cette fois, au moins, le monde a une dette de reconnaissance vis-à-vis de moi... et j'en suis fort aise. Avoir libéré Prométhée n'est pas rien. J'en suis très fier, Prométhée. C'est mal ?

– Une fois, j'ai espéré qu'un dieu allait briser mes chaînes, mais je suis infiniment plus heureux que ç'ait été un homme. Moi aussi, je suis fier, Héraclès. Je suis fier de ma création.

– Où irez-vous, Prométhée ?

– J'avais un jardin, autrefois... J'aime bien jardiner, Héraclès. Peut-être retrouverai-je ce jardin... Et toi, Héraclès, où iras-tu avec ton cœur d'homme sous ta peau de lion ?

– J'irai chercher mon ami Iolas et je lui dirai que la dernière tâche est accomplie. J'ai envie de fanfaronner un peu, Prométhée... J'ai envie de revoir l'Héraclès d'Iolas. Et ensuite... ensuite, je me trouverai une gentille épouse et je serai un bon mari, comme il sied à un héros. Peut-être courtiserai-je la sœur de Méléagre, Déjanire...

– Viens, descendons.

Ensemble, ils quittèrent la montagne pendant que le soleil matinal, brillant de tous ses feux, faisait fondre la glace en ruisselets capricieux qui dansaient autour de leurs pieds.

Lorsque la nuit revint sur le Caucase, l'eau gela en faisant scintiller les chaînes brisées et en transformant le vautour mort en oiseau de glace. Au fil des jours – puis des saisons – vautour et chaînes s'enfoncèrent de plus en plus profondément dans la glace, tant et si bien que seule l'imagination aurait pu discerner leur forme.

La prophétie évoquée

Tel un fantôme desséché, le vieil aède hantait les ruelles poussiéreuses d'Iolcos.

– Il a au moins cent ans, murmurèrent des gens sur son passage. Il a dû en voir, dans sa vie, des choses extraordinaires !

Le vieillard sourit dans la brume qui l'enveloppait maintenant en permanence et tendit la main dans l'espoir d'une aumône.

– Vous croyez que c'est Nérée*, le vieil homme de la mer ? s'écrièrent des enfants qui saisirent la main tendue pour voir si le bonhomme allait se transformer en poisson.

Dérouté, désorienté, le chanteur ambulant tourna plusieurs fois sur lui-même et finit par s'adosser à un mur dont la grisaille se confondit si bien avec sa tunique et sa peau qu'il prit l'aspect d'un bas-relief vétuste.

Pourtant, son cerveau était encore lucide, peut-être plus lucide qu'il ne l'avait été durant bien des années. Des pans entiers de souvenirs, qui avaient sombré dans l'oubli, étaient à nouveau clairs comme de l'eau de roche... même si le monde qui l'entourait était très flou.

Il lui restait trois dents et, par moments, l'une d'elles le faisait souffrir, mais il savait qu'il n'en avait plus pour bien longtemps et il se disait qu'elle durerait autant que lui.

Il finit par trouver la maison qu'il cherchait, où il fut accueilli avec désinvolture.

– Allez vous asseoir au coin du feu, mon vieux, la cheminée est par là. Et voici le célèbre Pélée que vous avez réclamé. Racontez-lui vos histoires, peut-être vous offrira-t-il un lit pour cette nuit.

– Ou une tombe pour toutes les nuits, dit une autre voix, car j'ai l'impression qu'il n'est plus guère qu'une pincée de poussière pétrie avec un peu de salive.

L'aède battit frénétiquement des paupières et distingua un important personnage assis sur un siège dont ses yeux larmoyants firent un trône. Ainsi, c'était donc là le fameux Pélée, le frère de Télamon, dont l'aède portait toujours des vestiges de la tunique. Sottement, il se demanda s'il fallait signaler la chose au grand homme. Non... non, cela n'intéresserait pas Pélée. Il serait peut-être même mécontent de voir comment finissaient ses défroques. Car il ne fallait pas oublier que Pélée était le prince qui ne supportait pas d'être surpassé.

Mais était-ce réellement Pélée... le Pélée qui avait chassé à Calydon, vu Atalante, et même connu le grandiose Héraclès ? L'aède le contempla bouche bée jusqu'à ce que le courant d'air réveille sa rage de dent. Il se tapota la joue, et Pélée éclata de rire.

L'aède trouva ce rire par trop humain et regretta à moitié d'avoir entrepris ce dernier voyage, au lieu de laisser Pélée dormir en compagnie des autres dans son imagination immortelle. Évidemment, ce n'était là qu'une contrariété mineure, mais il aurait préféré mourir avec autre chose dans la tête que trois dents, dont une creuse. Il aurait aimé conserver au moins une illusion...

Il plaqua un accord sur sa lyre, malgré ses doigts maintenant si racornis qu'il ne sentait plus les cordes, et sa voix chevrotante entama la ballade d'Héraclès, souvent interrompue par une toux grasse ou des ricanements stupides de vieillard.

Pélée l'écouta d'une oreille distraite. Il avait entendu tout cela si souvent... Les travaux le firent bâiller, et le vieil homme vit son univers matériel se creuser de trous noirs semblables à de petites tombes. Il essaya de chanter la libération de Prométhée, mais sa pitoyable voix flancha et son récit ne fut qu'une suite de bredouillements et de toussotements incompréhensibles. Après quoi il essaya de relater la mort d'Héraclès.

– A Calydon vivait une belle princesse blonde comme les blés. Elle s'appelait Déjanire...

– Elle n'était pas si blonde que ça, mon ami, et plus de la première fraîcheur. C'était la sœur de Méléagre. Je l'ai bien connue.

– Je... je... balbutia le vieillard comme un homme pris en flagrant délit de mensonge.

– Elle aurait épousé n'importe qui, dit Pélée. Tout comme Héraclès aurait épousé n'importe quelle femme. Même faisandée...

Il ricana, et le vieil homme lui fit obligeamment écho.

– Mais ils s'aimaient ? implora l'aède en se cramponnant désespérément à la magie de son récit. Et quand Nessus*, le centaure, a essayé d'enlever Déjanire, Héraclès l'a tué avec une flèche trempée dans le sang de l'hydre. Or Nessus, le centaure, avait une tunique... à moins que ce ne fût son sang qui était empoisonné ? Ou alors...

Le vieil homme hésita. Il s'embrouillait. Les centaures ne portaient sûrement pas de tunique ? Et pourtant, la tunique de Nessus jouait un rôle essentiel dans l'histoire. Ah oui ! Il se rappelait ! C'était le sang de Nessus qui était mortel. Le centaure agonisant avait raconté à la femme que c'était un philtre puissant...

Le vieil homme cracha et fit entendre un petit rire. Ce n'était pas de la gaieté, c'était de la sénilité.

– Il incita Déjanire à tremper une tunique dans son précieux sang en lui affirmant que si jamais l'amour de son mari venait à se refroidir, il suffirait de lui faire endosser cette tunique pour qu'il soit à nouveau brûlant de passion.

– Déjanire n'avait pas plus de jugeote que de séduction, décréta sévèrement Pélée. Tout comme sa mère avant elle.

– Ça, alors, c'est bien vrai ! Elle rangea précieusement la tunique dans un coffre de chêne, tout comme sa mère avait soigneusement mis de côté le tison qui devait sauver la vie du pauvre Méléagre. Vous connaissez l'histoire de Méléagre ?

– J'ai connu Méléagre, mon ami, ça me suffit.

– Excusez-moi ! Je ne voulais pas vous offenser. Donc... donc, elle mit de côté le tison...

– Ça, c'était la mère. Nous parlions de la fille.

– La tunique ! Je voulais dire : la tunique de Nessus. Elle la mit en lieu sûr, afin de s'assurer l'amour de son mari.

– Vous appelez ça de l'amour ?

– C'était de l'amour. Héraclès était un grand amoureux...

– Trop grand pour une seule femme, hein ?

L'aède gloussa docilement mais, de nouveau, c'était de la sénilité.

– Un beau matin de printemps, Héraclès rencontra par hasard une jeune fille belle comme le jour. Son cœur retrouva toute la vigueur de sa jeunesse, ses yeux lancèrent des regards enflammés...

– ... Et il oublia Déjanire, conclut ironiquement Pélée. Bon, enfin... aucun homme ne brûle éternellement du même feu, et les nouvelles étincelles sont souvent plus brillantes que la vieille lueur du foyer domestique.

– Alors Déjanire, comme sa mère l'avait fait avant elle, alla chercher son coffre de chêne et l'arrosa de ses larmes. Jamais elle n'avait envisagé qu'elle pourrait avoir un jour besoin d'un philtre pour conserver l'amour de son mari. Elle sortit la tunique et la fit porter à Héraclès par une servante. Il s'en vêtit...

Un flot de larmes envahit brusquement les yeux du vieillard. Sa voix s'étrangla, s'éteignit, et on n'entendit plus que les affligeantes discordances de sa lyre.

– La... la souffrance fut atroce... finit-il par bredouiller. Il... il essaya d'arracher la tunique, mais elle collait à sa peau et brûlait comme le feu ! Il courut, courut...

Le vieil homme sanglotait pitoyablement en essayant de chanter l'agonie d'Héraclès qui avait accompli tant de prodiges dans le monde et le quittait maintenant dans la douleur.

– Il pleurait ! Il criait ! Il déracinait des arbres au flanc de la montagne ! Il était en train de mourir !

L'aède se tut. Il ne pouvait plus continuer. L'apothéose finale lui échappait, occultée par sa compassion pour tout ce qui l'avait précédée : le héros édifiant lui-même son bûcher funéraire, le rugissement des flammes et l'anéantissement de toutes ses souffrances dans les cendres et la fumée, tout cela défila dans un hymne muet.

– Je savais qu'il était mort, vieil homme, dit Pélée après un silence. Mais c'est un récit que je peux entendre plus d'une fois.

Il sourit du bout des lèvres, et l'aède sentit plus qu'il ne vit que cet homme se réjouissait de la mort d'Héraclès. Maintenant, lui, Pélée, n'avait plus aucun rival. Personne ne pouvait le surpasser.

Pendant un instant, l'aède le détesta. Et puis des ombres envahirent son esprit. Des nuages obscurcirent des zones claires. Oubliant Héraclès, il se rappela une plage de Thessalie et se mit à glousser comme si l'idée d'une formidable farce venait de lui apparaître. Il s'efforça de deviner de quoi il pouvait s'agir, mais en vain, les ombres continuant à refouler les réponses dans les coins sombres de sa tête.

Pélée demanda au vieillard ce qui l'amusait tant.

– Les vieux rient souvent sans motif, répondit l'aède soudain prudent, car il avait l'impression de participer à un secret important qu'il ne devait révéler sous aucun prétexte. Vous connaissez l'histoire du pêcheur qui avait aperçu une déesse sur une plage et en était tombé amoureux ?

– Non, répondit Pélée en bâillant, car les amours des pêcheurs ne l'intéressaient pas.

– Pourtant, la chose s'est passée tout près d'ici, prince Pélée. Laissez-moi vous raconter cela...

Les yeux du vieillard brillèrent, ses doigts se délièrent, et il parut retrouver le sens de la musique. Pélée, qui s'apprêtait à se lever, fut surpris, puis charmé lorsque l'aède entonna d'une voix faible mais mélodieuse la ballade de Thétis sur la grève, demandant aux vagues et au ciel : « Qui sera mon amant ? »

Il décrivit Thétis au petit matin et Thétis au crépuscule, assise sur le sable, les genoux sous le menton, souriant à la mer dont les vagues murmurantes venaient lui lécher les pieds. Il chanta sa robe, faite d'un tissu si fin que le soleil la traversait en révélant ses charmes dans les moindres détails, si bien que Pélée en fut tout émoustillé et s'émerveilla qu'un homme si âgé puisse évoquer sans regret une telle jeunesse.

L'aède raconta ensuite comment Poséidon, le dieu de la Mer, avait répondu un soir à l'appel implorant de Thétis, mais il avait été éconduit et la déesse avait continué à attendre l'arrivée de son amant. Et puis le père des dieux en personne, Zeus aux épaules d'or, avait tendu les bras à Thétis, mais lui non plus n'était pas pour elle.

– Et c'est ainsi qu'elle attend toujours en Thessalie, pas bien loin d'ici, l'amant qui, un jour, réussira là où les dieux eux-mêmes ont échoué...

L'aède fit une pause. Il fronça les sourcils. Sa mémoire lui jouait de nouveau des tours. Il savait que la ballade en disait plus long, mais des ombres, des ombres dorées, n'arrêtaient pas de voleter dans sa tête.

– Où se trouve cette plage, vieil homme ?

Les yeux de Pélée brûlaient de passion. Là où les dieux avaient échoué, lui réussirait.

– Il y a des buissons de myrte, ainsi qu'un promontoire rocheux et une caverne... Je connais bien l'endroit, prince Pélée, je vous y conduirai...

– A la vitesse où vous marchez, mon vieux, même une déesse aurait les cheveux blancs quand nous arriverions là-bas. Adieu, vieil homme, et si vous êtes encore en vie demain, composez donc une ballade sur le prince Pélée, l'amant élu de Thétis, la divinité marine !

– Prince ! Prince ! s'écria l'aède je ne vous ai pas tout dit. Il y avait une prophétie ! Maintenant, je m'en souviens... une prophétie au sujet d'un enfant...

Mais c'était trop tard. Pélée était déjà parti.

– Tant pis, soupira le vieillard. Après tout, il est peut-être logique que celui qui ne pouvait pas admettre d'être surpassé finisse par se surpasser lui-même.

Alors, lui aussi quitta le coin du feu et dirigea ses pas vers le rivage avec le très, très ancien espoir d'assister à un miracle avant de mourir.

La prophétie accomplie

Elle arriva avec la marée de midi, montée sur un dauphin. Sa robe trempée mettait ses formes en valeur plus qu'elle ne les dissimulait. En descendant de sa monture, elle s'étira, tordit sa chevelure pour en exprimer l'eau, jeta un dernier regard sur la mer, puis leva les yeux vers le soleil avec un soupçon de coquetterie et commença à tracer des dessins sur le sable mouillé du bout de sa sandale, mais la rencontre d'un galet lui fit faire la moue et, pour se distraire, elle se mit à fredonner un air étrange, lancinant, et à danser en cadence en observant son ombre avec un mélange de curiosité et de tendresse, comme si c'était son cavalier.

Et puis elle se lassa de la danse, bâilla, s'étira à nouveau et se dirigea vers un buisson de myrte qui dissimulait une caverne. Elle marchait en se déhanchant outrageusement, comme pour singer une personne qu'elle connaissait bien.

– Regarde comme je suis belle, murmura-t-elle. Est-ce que je ne vaux pas la peine de prendre un risque ? Quel trône, Zeus, pourrait être plus désirable que moi ?

Elle écarta les myrtes et entra dans la caverne. L'intérieur était frais et obscur. La déesse Thétis s'allongea sur un lit de feuilles.

– Mon amant, chuchota-t-elle en tendant les bras au vide.

Elle ferma les yeux et un sourire entrouvrit ses lèvres. Elle rit... au moment où, surgissant de l'ombre, Pélée bondissait sur elle et la prenait dans ses bras !

La déesse ouvrit de grands yeux. La stupeur, puis la honte et la fureur la pétrifièrent. Bien que ses rêves ne lui aient jamais montré une image précise de celui qui ferait un jour sa conquête, elle était, une fois éveillée, horrifiée par le visage humain qui se penchait sur elle avec concupiscence. Pélée était peut-être un prince parmi les hommes, mais elle, Thétis, était une déesse et, en tant que telle, elle prévoyait – et même exigeait – un dieu.

La caverne trembla, la falaise vacilla. Des bruits effrayants déferlèrent sur le rivage : hurlements, rugissements et gémissements rauques qui ébranlèrent le ciel et firent envoler mouettes et goélands. Telle fut la première manifestation de la fureur d'une déesse étreinte par les bras sacrilèges d'un humain.

Mais c'est à l'intérieur de la caverne que la tempête battit véritablement son plein, lorsque mortel et immortelle se mordirent, se griffèrent, se triturèrent, se lacérèrent et luttèrent furieusement à coups de maléfices et de métamorphoses à vous chambouler l'entendement.

Thétis commença par se changer en lionne et déchira Pélée avec ses griffes. Mais il ne la lâcha pas.

– J'ai connu des femmes plus coriaces ! haleta-t-il.

Rageusement, la déesse se changea en serpent et s'en prit à son dos.

– J'ai connu des femmes plus perfides ! s'exclama Pélée et il l'immobilisa.

Ensuite, Thétis se changea en tourbillon de feu qui brûla le ventre de Pélée qui rugit de douleur.

– J'ai connu des femmes plus brûlantes, gronda-t-il, et je les ai calmées.

Aussi la déesse se changea-t-elle en eau, et elle aurait ruisselé hors de portée si les énormes mains de Pélée ne s'étaient pas réunies en coupe pour la recueillir.

– Et j'ai connu des femmes aussi fuyantes !

Alors l'eau se transforma d'une façon répugnante, en prenant l'aspect d'une énorme seiche gluante dont les tentacules enserrèrent la taille de Pélée. Des ventouses se collèrent sur sa bouche comme pour l'étouffer, et la caverne s'emplit soudain d'un liquide brun nauséabond, issu de la poche à encre du mollusque... une sécrétion réellement ignoble !

– Et j'ai aussi connu des femmes qui cherchaient à vous noyer sous des flots d'amour ! haleta Pélée et il étreignit la seiche à la couper en deux.

– Tant de femmes que ça ? demanda brusquement la déesse et sa voix n'était pas irritée. Et je ressemble à toutes ?

L'abominable mollusque avait disparu, et la déesse était redevenue elle-même.

– Pélée, murmura-t-elle, prince des hommes. Quel fils nous allons avoir, toi et moi.

Pélée regarda sa déesse avec des yeux ronds, ne comprenant rien en dehors de sa victoire et ignorant que celle-ci portait en elle les germes de sa défaite. Finalement, c'était dans l'amour et l'ironie que la prophétie faite par Thémis à Thétis au bord de l'eau allait s'accomplir.

Le clair de lune illuminait la grève et déployait sur les flots une large route de lumière. La nuit était étrangement silencieuse. Même les vaguelettes qui clapotaient sur le promontoire rocheux semblaient s'efforcer de ne pas faire de bruit et murmuraient des « chut... chut... »

Une ombre se faufila discrètement entre les rochers, s'arrêta et repartit à petits pas sur le sable. Elle finit par atteindre l'épave délabrée d'un bateau de pêche dont les flancs éventrés semblaient béants d'étonnement. Pourquoi ?

L'aède secoua tristement la tête. Une fois de plus, il arrivait trop tard. Les myrtes qui dissimulaient l'entrée de la caverne gisaient sur le sol, piétinées, broyées comme si un typhon était passé par là, et le sable, tout autour, était bouleversé.

Non sans mal, le vieil homme releva des empreintes de pas jusqu'à ce que leur inextricable enchevêtrement l'étourdisse. Il se représenta quelque réjouissance frénétique, agrémentée de danses extravagantes. Se laissant tomber à côté du bateau, il essaya de contraindre son cerveau fatigué à composer une ballade. Après tout, il pouvait vivre encore quelques jours, et qui le nourrirait s'il n'avait rien de nouveau à raconter ? Il voulut tirer sa lyre de sa ceinture, mais il n'avait plus de force. Son corps commença à s'affaisser, et il glissa de côté jusqu'à se retrouver couché sur le sable, blotti dans l'ombre du bateau. A quoi bon faire l'effort de se redresser ? Il allait mourir.

– On se sent seul, marmonna-t-il, mais c'est tout... Pourquoi aurais-je peur ? Héraclès lui-même est mort et réduit en cendres... et ses douze travaux sont morts avec lui. D'ici peu, il va mourir une deuxième fois, et tous les dieux, les étoiles et les montagnes seront oubliés...

– Tu ne laisseras donc rien à mes pareils ?

L'aède ouvrit les yeux. Un jeune homme – quelque rôdeur nocturne – le regardait en souriant. Pendant un instant, le vieil homme eut peur. Ce garçon devait être un bandit s'apprêtant à l'assommer. Il se recroquevilla encore un peu plus, et le jeune homme éclata de rire... assez cruellement, estima le vieillard.

– Le glorieux Héraclès habite désormais l'Olympe, dit le jeune homme. Il ne mourra donc pas avec toi. Héra l'a serré sur son cœur... et lui a donné sa fille Hébé comme compagne d'éternité. Il parcourt les salles du palais dans sa peau de lion et nous ouvre les portes quand nous venons nous y poser. Viens, vieil homme, viens avec moi...

– Nous ? murmura l'aède. De qui parlez-vous ? Qui êtes-vous ?

Le jeune homme lui tendit la main. Tout à coup, il se mit à briller au clair de lune : visage d'argent, yeux d'argent, pieds d'argent... tout était en argent, jusqu'aux petites ailes de ses sandales.

– Je suis Hermès, le messager. Ton heure a enfin sonné...

– Enfin ! soupira l'aède et son vieux visage s'illumina d'un sourire qui ne s'éteindrait plus... Un dieu... enfin...

Pour en savoir plus

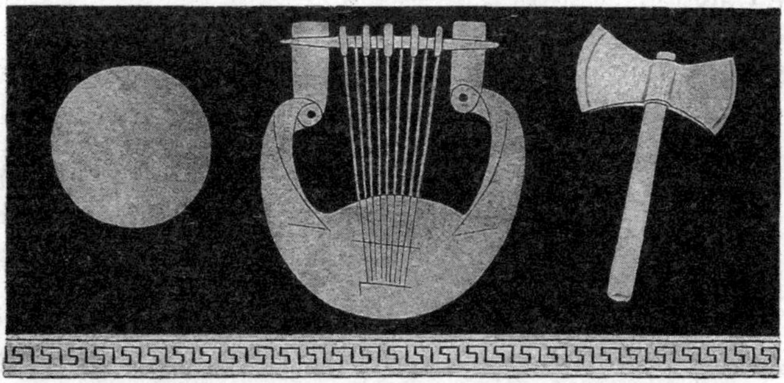

Dieux, héros, hommes de la mythologie

Admète : Roi de Phères en Thessalie. Promis à un trépas prématuré, une deuxième vie devait lui être offerte s'il trouvait quelqu'un pour accepter de mourir à sa place.

Alceste : Épouse d'Admète, elle sacrifie sa vie pour sauver celle de son bien-aimé. Héraclès, néanmoins, parvient à l'arracher au royaume des morts.

Alcmène : Femme d'Amphitryon et mère d'Héraclès.

Amphitryon : Roi de Trézène. Pendant qu'il guerroyait, Zeus emprunta son apparence et s'introduisit chez lui pour séduire son épouse.

Amazones : Peuple de femmes guerrières, excellentes cavalières, qui vivaient sous l'autorité d'une reine. L'une d'elles, Hippolyté, avait reçu une ceinture du dieu Arès. Le roi Eurysthée ordonna à Héraclès de la lui dérober pour l'offrir à sa fille.

Ancée : Natif d'Arcadie, il est tué en chassant le sanglier de Calydon.

Apollon : Fils de Zeus et de Léto, frère jumeau d'Artémis, c'est le dieu de la lumière, de la musique et de la divination. Dieu guérisseur et poète, il symbolise le lien entre les dieux et les hommes. On lui prête de nombreuses aventures amoureuses avec des nymphes et des mortelles. Ses attributs distinctifs sont la lyre dorée et l'arc d'argent.

Artémis : Fille de Zeus et de Léto, sœur jumelle d'Apollon, elle est comme lui armée de l'arc d'argent. Déesse chasseresse, farouche et libre comme la nature sauvage dont elle a fait son domaine, elle est aussi la protectrice des Amazones.

Atalante : Fille d'Iasos, roi d'Arcadie. Elle fut la seule femme à se joindre aux chasseurs qui traquaient le sanglier de Calydon (voir *Mélanion*).

Athéna : Fille de Zeus, elle est sortie tout armée de la tête de son père. Déesse guerrière mais aussi protectrice de la vie civile, de l'artisanat et de l'agriculture, ses attributs sont la lance, le bouclier et l'égide (peau de chèvre qui donne la puissance).

Augias : Roi d'Élide. Ses écuries, d'une saleté proverbiale, furent nettoyées par Héraclès.

Cadmos : Fondateur de Thèbes. Il épousa Harmonie, la fille d'Arès et d'Aphrodite. Lorsque Dionysos détruisit la maison royale, Cadmos et Harmonie furent exilés de Thèbes. Ils se rendirent en Illyrie où ils furent transformés en serpents.

Cerbère : Chien des Enfers. Ce monstre à trois têtes, gardien des morts, interdit l'entrée des Enfers aux vivants.

Chiron : Centaure d'une grande sagesse, il assuma les fonctions d'éducateur auprès de nombreux héros, tels Jason et Achille.

Déjanire : Sœur de Méléagre et épouse d'Héraclès.

Eurysthée : Roi de Mycènes et cousin d'Héraclès, il lui imposa douze travaux à la demande de la prêtresse d'Apollon que le héros, meurtrier malgré lui, était allé consulter au sanctuaire de Delphes.

Eurytos : Fils adoptif du roi de Phtiotide. Élève de Chiron. Tué par le javelot de Pélée au cours d'une chasse.

Géryon : Géant à trois têtes qui possédait un troupeau de bœufs rouges. Héraclès fut chargé par le roi Eurysthée qui le convoitait de le lui ramener.

Hadès : Frère de Zeus, il est maître du monde souterrain et du royaume des morts. C'est aussi le dieu des richesses et des métaux précieux. Époux de Perséphone qu'il a ravie à sa mère, Déméter.

Héphaïstos : Fils de Zeus et d'Héra. A sa naissance, sa mère le jette du haut du ciel tant elle le trouve laid et difforme. Il tombe sur l'île de Lemnos où il est recueilli par Eurynome et Thétis. Dieu du feu et de la forge, il est aussi, avec Athéna, le patron des artisans, des arts et de l'agriculture. Zeus lui offre pour épouse la merveilleuse et volage Aphrodite.

Héra : Femme et sœur de Zeus, c'est la plus grande des déesses de l'Olympe. Jalouse des nombreuses aventures amoureuses de Zeus, persécutant cruellement ses rivales et leurs enfants, elle est néanmoins considérée comme la protectrice du mariage et la gardienne des vertus domestiques.

Héraclès : Fils d'Alcmène et de Zeus, célèbre par ses douze travaux accomplis sur l'ordre d'Eurysthée après le meurtre de ses propres enfants.

Hermès : Fils de Zeus et de Maïa, il devient le messager de Zeus et porte des sandales ailées. Subtil et astucieux, il est le dieu des commerçants et des voleurs et le guide des morts. Apollon lui offre la houlette d'or, le caducée, avec lequel il est toujours représenté, et les Muses lui enseignent l'art de la divination.

Iolas : Jeune compagnon d'Héraclès.

Jason : Fils du roi de Iolcos en Thessalie. Intrépide voyageur, il se rend en Colchide sur son navire *Argo*, pour conquérir la Toison d'or, dépouille d'un bélier magique. Une série d'épreuves lui sera imposée, dont il triomphera avec l'aide de Médée, la fille du roi Éétès.

Linos : Précepteur d'Héraclès.

Mélanion : Époux d'Atalante. Celle-ci avait déclaré qu'elle ne se marierait qu'avec un homme capable de la battre à la course. Si elle remportait la victoire, le malheureux prétendant serait mis à mort de sa propre main. Mais Aphrodite, émue par l'amour fervent du jeune prince, lui remit trois pommes d'or. Pendant la course, Mélanion les lança une à une en direction d'Atalante qui déjà le distançait. Elle se baissa pour les ramasser... et Mélanion gagna la course et la main de la princesse.

Méléagre : Prince de Calydon. Meurtrier de ses oncles, il périt consumé par le feu qui détruisit le tison auquel les Moires avaient lié la durée de sa vie.

Moires : Plus connues sous leur nom romain de Parques, ce sont les divinités du Destin, filles de Zeus et de Thémis. Elles président à la vie et à la mort des hommes. Clotho tire de sa quenouille le fil de la vie, Lachésis l'enroule et Atropos le tranche. Divinités implacables, elles agissent souvent contre la volonté de Zeus lui-même.

Nérée : Père des Néréides. On l'appelle aussi le vieillard de la mer. Ses attributions sont différentes de celles de Poséidon, divinité plus récente ; il a en particulier le pouvoir de prédire l'avenir et de se transformer en toutes sortes d'animaux.

Nessus : Ce centaure fut tué par Héraclès car il avait tenté d'enlever sa femme Déjanire. Une tunique trempée dans son sang causa quelque temps plus tard la mort du héros.

Omphale : Reine de Lydie. Elle tint pendant quelque temps Héraclès en esclavage.

Pélée : Fils d'Éaque, roi d'Égine.

Phorcys : Frère de Pélée et de Télamon, il les surpassait en tout et fut assassiné par eux.

Plexippos : Oncle de Méléagre.

Poséidon : Dieu de la mer. Il est toujours représenté tenant à la main un trident. Il est l'époux d'Amphitrite.

Prométhée : Fils du Titan Japet, frère d'Atlas, il crée les premiers hommes en les façonnant avec de l'argile, et leur apprend les arts et les techniques nécessaires à leur subsistance. Pour eux, il dérobe le feu des forges d'Héphaïstos, et encourt la colère de Zeus qui lui inflige un terrible châtiment.

Styx : Les Grecs localisaient le fleuve des Enfers en plusieurs endroits. C'est aussi une divinité féminine, garante de l'inviolabilité des serments.

Télamon : Frère de Pélée et de Phorcys.

Thémis : Mère des Moires et déesse de la justice.

Thésée : Fils d'Égée, roi d'Athènes. Son exploit le plus connu est certainement le combat qui l'opposa au Minotaure, une créature monstrueuse mi-homme, mi-taureau, qui vivait en Crète, dans le Labyrinthe. Grâce au fil tendu par Ariane, fille du roi Minos, Thésée triompha du monstre et retrouva son chemin.

Thétis : L'une des Néréides. Thémis lui prédit qu'elle concevrait un fils qui surpasserait son père. Unie à Pélée, elle donna le jour à Achille.

Tirésias : Devin de Thèbes. Ayant mécontenté Héra, celle-ci le frappa de cécité ; Zeus lui accorda en compensation le don de clairvoyance.

Titans : Ce sont les six fils d'Ouranos et de Gaïa : Océan, Coïos, Créios, Hypérion, Japet et Cronos.

Zeus : Fils de Cronos et de Rhéa, il est le roi des dieux et le souverain suprême des mortels. Ses attributions sont nombreuses : gardien des coutumes, protecteur de la maison, de la propriété, du mariage, de la cité, garant du pouvoir royal et de la hiérarchie sociale, il est avant tout dieu de la lumière et du ciel. On lui prête d'innombrables aventures amoureuses, tant avec des déesses qu'avec des mortelles... Ses attributs sont la foudre, l'aigle et le serpent.

ILLYRIE
MACÉDOINE
Mt-Olympe
ÉPIRE
CORCYRE
Phères
Iolcos
THESSALIE
GRÈCE
ÉTOLIE
Calydon
Delphes
Ithaque
Asôpos
ACHAÏE
lac
Stymphale
ARCADIE
Tirynthe
ÉLIDE
Mt-Érymanthe
Argos
Lerne
Alphée
Tégée
Sparte
Pylos
Cap Ténare

Salmydessos
THRACE
Byzance
PROPONTIDE
SAMOTHRACE
TROADE
Troie
PHRYGIE
MYSIE
LESBOS
LYDIE
Smyrne
Athènes
SAMOS
LYCIE
NAXOS
RHÔDES
THÉRA
CRÈTE
Cnossos

Divinités grecques et latines

Plus conquérants qu'imaginatifs, les Romains empruntèrent aux Grecs une bonne partie de leur mythologie, se contentant de débaptiser les personnages pour leur donner des noms qui sdont souvent plus familiers aux lecteurs français que leurs homologues grecs. Voici, par ordre alphabétique, la correspondance entre quelques divinités grecques et latines.

Les Grecs	*Les Romains*
Aphrodite	vénus
Arès	Mars
Artémis	Diane
Athéna	Minerve
Cronos	Saturne
Déméter	Cérès
Dionysos	Bacchus
Érinyes (les)	Furies (les)
Hadès	Pluton
Héphaïstos	Vulcain
Héra	Junon
Hermès	Mercure
Hestia	Vesta
Moires (les)	Parques (les)
Odysseus	Ulysse
Perséphone	Proserpine
Poséidon	Nepune
Zeus	Jupiter

Sommaire

Achevé d'imprimer
en août 1994
sur les presses de
l'imprimerie Hérissey
à Évreux (Eure)

Loi nº 49-956 du 16 juillet 1949
sur les publications destinées à la jeunesse

Nº d'imprimeur : 65276
Dépôt légal : août 1994
ISBN 2-07-058352-X

Imprimé en France

66678